> „Diese erhabenen Wälder und
> die Empfindungen, die sie
> einem einflößen, lassen sich
> letztlich nicht beschreiben."
>
> Mark Twain, 1878

Der Berliner Fotograf
Martin Kirchner *kennt die
Region schon seit vielen
Jahren – er ist mit einer
Schwarzwälderin verheiratet. Wenn er nicht gerade
fotografiert, erkundet er die
Gegend gerne mit dem
Rennrad.*

Cornelia Tomaschko,
*Journalistin in Ettlingen,
sucht seit ihrem Studium in
Freiburg immer wieder
Ruhe und Inspiration im
Südschwarzwald, in der
faszinierenden Natur und in
den überraschenden
Museen.*

Liebe Leserinnen, liebe Leser!

Einen Sommermorgen im Schwarzwald beginne ich gern in
Freiburg mit einem Besuch des Marktes auf dem Münsterplatz. Die vielen Obst-, Gemüse- und Blumenstände bieten ein
buntes Bild. Stundenlang kann ich in einem der Straßencafés
sitzen und dem Treiben um mich herum zuschauen – und dabei überlegen, was man mit dem Tag anfangen könnte.

Schwarzwaldhöhen oder lieber Weinberge?

Von Freiburg aus sind die Schwarzwaldhöhen schnell erreicht. Nur ein Katzensprung entfernt ist der immerhin
1284 m hohe Schauinsland, der Hausberg der Freiburger. Wer
es bis dort hinauf geschafft hat, hat es nicht mehr weit, bis
zum Feldberg oder zu den schönen Schwarzwaldseen, dem
Titisee oder dem Schluchsee. Herrlich ist es, hier dem Aktiv-
tipp unserer Autorin Cornelia Tomaschko zu folgen, die zu einer kombinierten Bootstour bzw. Wanderung um den See
einlädt (S. 87). Dies ist ein ideales Programm für die ganz heißen Tage oder für klare Herbsttage. An schönen Frühlings-
oder Spätherbsttagen führt der Ausflug von Freiburg idealerweise in die entgegengesetzte Richtung, ins klimatisch begünstigte Markgräflerland oder in den Kaiserstuhl.
Nirgendwo in Deutschland grünt und blüht es früher, nirgends reifen prallere Rot- und Weißweintrauben heran.

Von der Sonne verwöhnt

Was fähige Winzer daraus machen, sollte man unbedingt
probieren. Eine junge Winzergeneration schafft nicht nur hervorragende Gutedel oder Weißburgunder sondern mittlerweile auch köstliche Spätburgunder. Die treffen den Geschmack der Kunden ebenso wie den der Preisrichter bei großen Weinverkostungen. Natürlich kann man die köstlichen
Tropfen bei vielen Winzern probieren, ich teste sie aber besonders gern auf einem der vielen Weinfeste in der Region.
Mehr zum Thema Wein erfahren Sie auf S. 64.
Herzlich

Ihre

Birgit Borowski

Birgit Borowski
Programmleiterin DuMont Bildatlas

Impressionen

....

Kinzigtal

....

Freiburg

....

Markgräflerland · Kaiserstuhl

UNSERE FAVORITEN

BEST OF ...

. . . .

Hochschwarzwald

. . . .

Hotzenwald

. . . .

Baar

. . . .

Anhang

DuMont
Aktiv

Genießen   Erleben   Erfahren

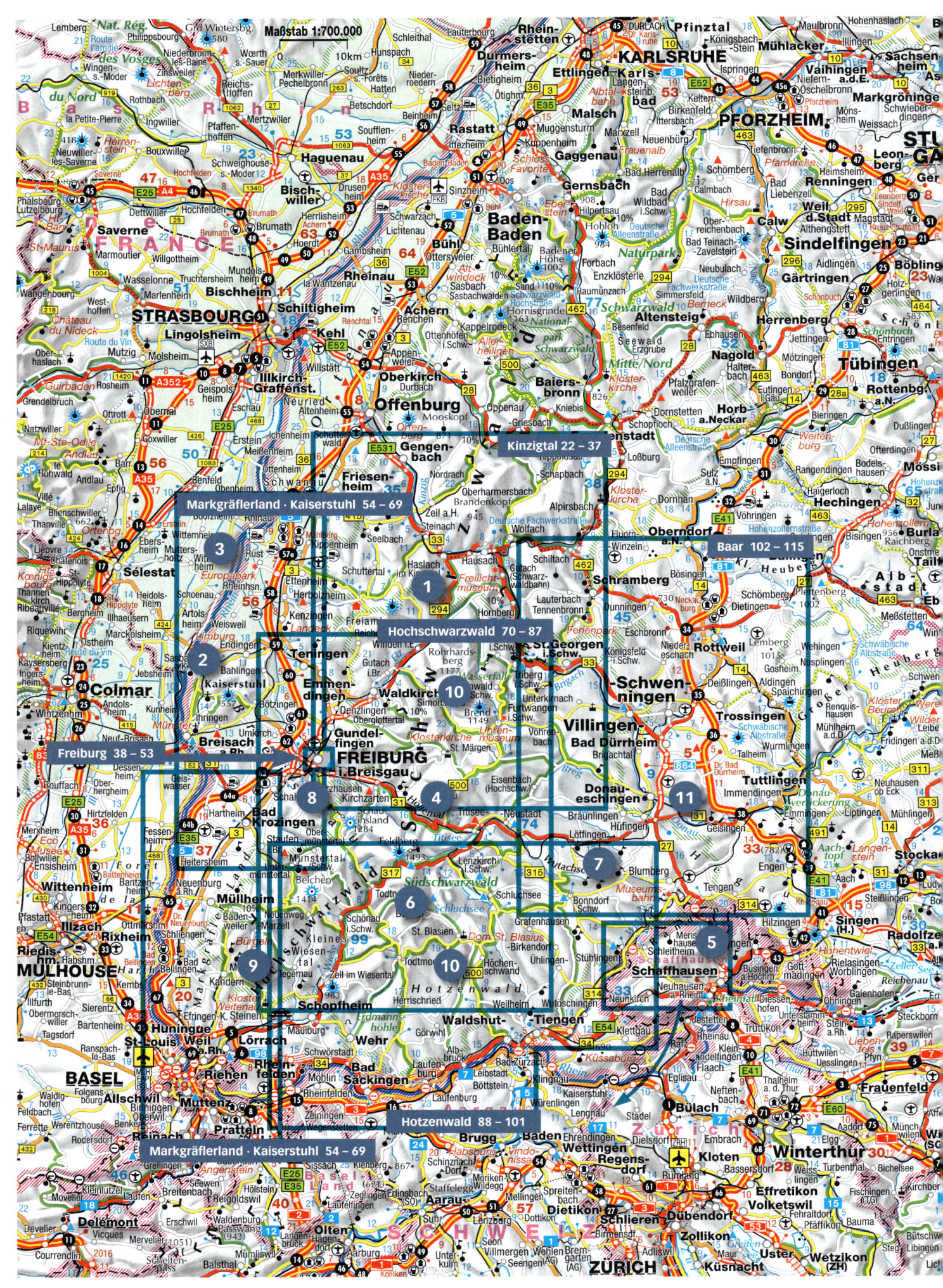

Topziele

Die bedeutendsten Sehenswürdigkeiten und Erlebnisse, die keinesfalls versäumt werden sollten, haben wir auf dieser Seite zusammengestellt. Auf den Infoseiten sind sie jeweils als **TOPZIEL** *gekennzeichnet.*

ERLEBEN

1 Vogtsbauernhof-Besuch: In diesem weitläufigen Freilichtmuseum lässt sich in vergangene Lebens- und Arbeitswelten blicken. **Seite 35**

2 Die Insel Kaiserstuhl: Auf der Suche nach ungewöhnlicher Natur, herausragenden Weinen oder verführerischer Küche – im Kaiserstuhl wird man fündig. **Seite 67**

3 Park für Europas Familien: Der Europa-Park in Rust ist vielgestaltige Attraktion für Klein und Groß. **Seite 67**

4 Durchs Höllental ins Himmelreich: Die Bahnfahrt von Freiburg Richtung Hochschwarzwald gipfelt im Ravennaschlucht-Viadukt. **Seite 86**

5 Der Rheinfall bei Schaffhausen: Spektakulär stürzt der Fluss vom Untersee in sein Hochrheinbett. **Seite 101**

NATUR

6 Oben am Schluchsee: Der größte Schwarzwaldsee ist Wassersport-, aber auch Wanderrevier. **Seite 86**

7 Entlang der Wutach: Die Wanderung in der Flussschlucht ist überaus reizvoll. **Seite 100**

KULTUR

8 Freiburger Münster: Der gotische Kirchenbau ist in jeder Weise überragend – architektonisch, aber auch als Aussichtspunkt. **Seite 52**

9 Römererbe in Badenweiler: Badekultur hat Tradition im Rheintal – das zeigen die Ausgrabungen am Kurpark von Badenweiler. **Seite 68**

10 Klosterpracht hinter den Bergen: Aus „bete und arbeite" erwuchsen Wohlstand und Prachtentfaltung wie in St. Peter und St. Blasien. **Seite 85 und 87**

11 Residenzglanz in Donaueschingen: Direkt neben der Donauquelle prunkt das fürstliche Domizil in seinem Schlosspark. **Seite 114**

Das grüne Herz

Schwarzwald, wie man ihn sich vorstellt: grün, wild, einsam. Eine Verlockung für Naturliebhaber und Rückzugsort von Auerhahn und Luchs. Die Region rund um den höchsten Berg des Schwarzwalds, den Feldberg, gehört zu den eindrucksvollsten Waldgebieten im Südwesten.

Deutschlands Sonnenzimmer

· ·

An seinen Rändern senkt sich das raue Waldgebirge zu einem lieblichen Landstrich ab. Die
Sonne strahlt kräftig und lässt in den Weinbergen Spitzengewächse reifen, wie etwa in Sulzburg (Bild). Kirschen, Zwetschgen, Mirabellen
und andere Früchte destillieren die Edelbren-
ner zu feinen Tropfen. Dazu gesellt sich die
legendär gute badische Küche. Kurzum: eine
Region für Genießer und Lebenskünstler.

Gipfelerlebnisse

Im Sommer gehört der Südschwarzwald den
Wanderern, Radfahrern und Moutainbikern.
Im Winter legt sich Jahr für Jahr zuverlässig
eine weiße Decke über das Mittelgebirge und
lockt Wintersportler an, beispielsweise auf
den Kandel (Bild). Ob die kommenden Jahre
im Zeichen des Klimawandels immer noch
schneesicher sein werden, steht in den Sternen.

Traditionsreiche Zukunftsstadt

Traditionsreiche Universitätsstadt, Solar-Haupt-
stadt Deutschlands, katholischer Bischofssitz,
Genuss-Metropole – die Attribute Freiburgs
spiegeln die Vielfalt dieser kleinen Großstadt, die
sich trotz allen Fortschritts ihr gemütliches Flair
bewahrt hat. In der Konviktstraße beispielsweise,
im Hintergrund vom Schwabentor überragt.

Furchtlose Mönche

Die Kelten sollen die Ersten gewesen sein, die im Schwarzwald siedelten. Von den Römern weiß man, dass sie sich nicht so recht in den dunklen Wald trauten. Furchtlos stellten sich mittelalterliche Mönche der Aufgabe, den damals unzugänglichen Schwarzwald zu besiedeln und zu christianisieren. Klostergründungen wie St. Peter stammen aus dieser Zeit.

Spektakel der Natur

Tosend stürzen die Wassermassen des Rheinfalls bei Schaffhausen in die Tiefe. Stiller ist es
in der Wutachschlucht, wo Gesteine aus dem
Erdmittelalter, seltene Tiere und Pflanzen zu
sehen sind. Schweigsam werden die meisten,
wenn sie einen Sonnenaufgang oder -untergang
am Belchen erleben dürfen. In den Lösshohl-
wegen am Kaiserstuhl nisten Bienenfresser,
wilde Orchideen blühen am Wegesrand.

Lokale Spezialitäten

Verlockend für Genießer

Wahre Meister sind im Süd-schwarzwald am Werk, um Wein und Sekt zu keltern, Schinken zu räuchern oder Kirschtorte zu backen. Doch das reicht ihnen nicht. Auf der Suche nach neuen Herausfor-derungen brennen sie bei-spielsweise Gin oder Whisky. Alles auch zum Mitnehmen.

5 Zeit für Wein

1 Sektkellerei Geldermann

Mit oder ohne Dosage, brut oder demi-sec, rosé oder weiß, jung oder gereift – Sektkellerei Geldermann lässt in Breisach Sekte für jeden Geschmack und Geldbeutel reifen. Wer sei-nem Lieblingsgetränk näher kommen will, nimmt an ei-ner Führung teil.

Geldermann Privatsekt-kellerei, Am Schlossberg 1 79206 Breisach Tel. 07667 83 40 www.geldermann.de Führungen: März–Okt. tgl. 14.00 Uhr, Nov.–Feb. nur Mo.–Sa.

2 Gebrannte Kräuter

Der „Monkey 47" aus dem Nordschwarzwald hat die Bars der Welt erobert. Jetzt zieht der Süden nach: Iris Krader (Bild) vom Scholer-hof in Gallenweiler bei Heitersheim brennt einen Gin, der bereits in England Beachtung fand. Wachol-derbeeren, Zitrusfrüchte und Kräuter – mehr verrät sie nicht von ihrem erfolg-reichen Rezept.

Scholerhof, Iris Krader Eschbacher Str. 22 79423 Gallenweiler Tel. 07633 68 15 www.scholerhof.de

3 Whisky von Rothaus

Rothaus kann mehr als Bier: Der Single Malt „Black Forest" wird bei Rothaus gebraut und vergoren, so-dann destilliert und bei der Destillerie Kammer-Kirsch in Karlsruhe abgefüllt. Die limitierten Chargen er-scheinen jährlich am 16. März, dem Geburtstag des „Whiskyvaters" Brau-meister Max Sachs.

Bezug: Fachhandel sowie Brauereigasthof Rothaus Rothaus 2, 79865 Grafen-hausen-Rothaus Tel. 07748 5 22 96 00 www.rothaus.de

4 Kaffee am Martinstor

Wie in einer italienischen Espressobar fühlt man sich in der Kolben Kaffee Akade-mie mitten in Freiburg. Man trinkt die Kaffeespezialitä-ten im Stehen an blanken Holztischen, genießt Ku-chen und Gebäck wie die himmlischen Obsttörtchen. Alte Holzvitrinen, Stuck und Holz an der Decke und De-ckenleuchter bestimmen das Dekor.

Kolben Kaffee Akademie Kaiser-Joseph-Str. 233 79098 Freiburg Tel. 0761 38 70 013, www. kolbenkaffee-freiburg.de

Wer in Baden unterwegs ist, sollte sich Zeit für Wein nehmen. Die „Alte Wache" am Freiburger Münster-platz gibt einen guten Überblick über die badi-schen Weine. Da ist für je-den ein Mitbringsel dabei. Die findet man auch beim ökologischen Weingut Lämmlin-Schindler.

Alte Wache – Haus der badischen Weine Münsterplatz 38, 79098 Freiburg, Tel. 0761 20 28 70 www.alte-wache.de

Weingut Lämmlin-Schindler Müllheimer Str. 4 79418 Schliengen-Mauchen Tel. 07635 4 40 www.laemmlin-schindler.de

6 Der richtige Schinken

Der Kenner schmeckt es sofort. Ein Schinken, der im Schnellverfahren hergestellt wurde, schmeckt vor allem nach Salz. Das milde Aroma, leicht nussig, nach Tannenrauch duftend, das zarte Fleisch, das bekommt ein Schinken nur, wenn er Zeit genug hatte, langsam das Pökelsalz aufzunehmen und einige Zeit im Rauch zu hängen. Was es alles braucht, um die Schwarzwälder Spezialität herzustellen, zeigt das Schinkenmuseum im Feldbergturm.

79868 Feldberg
Mai–Okt. tgl. 9.00–16.30
Juli–Sept. bis 17.00 Uhr
www.hochschwarzwald.de

7 Die Kirschtorte

Biskuitteig, Kirschwasser, Kirschen, Sahne und Schokoraspel sind die Zutaten für die weltbekannte Schwarzwälder Kirschtorte. Das Geheimnis ist nun, wie stark man den Boden mit Kirschwasser tränkt oder wie man die Kirschfüllung aromatisiert. Familie Matt im Café Zimmermann in Todtmoos zeigt, wie aus den Zutaten das kalorienreiche Tortenwunder entsteht. Natürlich darf jeder auch kosten.

Café Zimmermann
Kurparkweg 2, 79682 Todtmoos, Tel. 07 67 4 90 570
www.cafe-zimmermann-todtmoos.de
Backkurs jeden 2. Do. im Monat

8 Direkt vom Hof

Der Schwarzwald ist reich an Spezialitäten und nirgendwo schmeckt es so gut wie vor Ort. Um den Genuss mit nach Hause zu nehmen, lohnt sich ein Einkauf in einem der zahlreichen Hofläden. Hinweisschilder finden sich überall am Straßenrand oder auf der Internetseite des Naturparks Schwarzwald. Manche Bauern stellen ihre Waren an einem Stand aus mit einer kleiner Kasse daneben. Da darf man sich dann selbst bedienen.

www.naturpark-sued
schwarzwald.de

9 Zwei Sterne über Sulzburg

Die Grundlagen des Kochens lernte Douce Steiner bei ihrem Vater im „Hirschen" in Sulzburg. Dann zog es sie an die Herde der ganz großen Köche, um 2008 in den „Hirschen" zurückzukehren, immerhin seit Jahren auch ein Zwei-Sterne-Haus. Doch kaum hatte die Tochter die Regie in der Küche übernommen, war der zweite Stern weg. Douce Steiner verharrte nicht in der Enttäuschung sondern zeigte, was sie kann und eroberte 2012 den zweiten Michelin-Stern zurück. Und das alles mit viel Charme und Humor. Wer sich vor dem Essen einlesen will oder Anregungen für die häusliche Küche sucht: Douce Steiner hat mehrere Kochbücher veröffentlicht.

Hotel Restaurant Hirschen
Hauptstr. 69
79295 Sulzburg
Tel. 07634 82 08
www.douce-steiner.de
Ruhetage: Sonntagabend, Mo., Di.

Tüftlergeist in tiefen Tälern

In der Heimat des roten Bollenhuts, einer der bekanntesten Werbeikonen des Schwarzwalds, wird Tradition gepflegt und zugleich modernes Design entworfen. Hier im tiefen Grund der Kinzig und seinen engen Nebentälern begegnet einem als Klischee, was man vom Schwarzwald erwartet, aber auch vieles, womit man nicht gerechnet hat. Der Tüftlergeist der Region bringt immer wieder Erstaunliches hervor.

Idyllisch wirkt der Schwarzwald im Freilichtmuseum Vogtsbauernhof – doch das Leben war auch im Schauinslandhaus von 1730 meist hart.

Kinzigtal zwischen Wolfach und Schiltach:
Die Welt der Flößer wurde Freizeitland.

In sieben Kaskaden stürzt die Gutach mehr als 163 Meter tief ins Tal:
Die Triberger Wasserfälle gehören zu Deutschlands höchsten.

Viele Landstriche haben im Zuge der Industrialisierung ihre Unschuld verloren.
Nicht so das Simonswälder Tal, wo gestresste Seelen Ruhe finden.

Das Kinzigtal ist ein uralter Verkehrsweg. Bereits vor 600 Jahren nutzten Flößer den Fluss, um Holz von den Schwarzwaldhöhen zum Rhein und weiter nach Holland zu verfrachten. Es war ein gefährliches Unterfangen, und die Flößer galten daher als wagemutig. An ihrem schwarzen Hut, den Lederhosen und den hohen Stulpenstiefeln waren sie überall sofort zu erkennen.

Bis zu 300 Meter lange Holzgefährte banden die Männer zusammen. Da nimmt sich das 60 Meter lange Floß, das die in den 1990er-Jahren gegründeten „Schiltacher Flößer" gebaut haben, geradezu zierlich aus. Aber den Land- und Forstwirten geht es auch nicht ums Geschäft. Sie wollen die Gewerbe der Vergangenheit lebendig erhalten, wie auch auf dem Flößerpfad entlang der Kinzig oder in den Flößermuseen. Nach dem Bau der Schwarzwaldbahn war die Schiene schneller, günstiger und ungefährlicher. Die Flößerei kam zum Erliegen, und die Flößer mussten sich neuen Erwerbszweigen zuwenden.

Glück auf im Schwarzwald

Ähnlich wie den Flößern erging es auch den Bergleuten des Kinzigtals. In der Region mit der größten Zahl an Erz- und Mineralgängen im Schwarzwald ist der Silberabbau seit dem 11. Jahrhundert be-

Der mittlere Schwarzwald wird von auf den Rhein zulaufenden, tief eingeschnittenen Tälern geprägt.

legt, aber nur ein Bergwerk, die Grube Clara in Oberwolfach, ist heute noch aktiv. Dort werden Mineralien für die Industrie abgebaut. Auf einer Mineralienhalde, die direkt neben der Grube liegt und täglich neu befüllt wird, ver-

Haslachs von Fachwerk bestimmte
Altstadt steht unter Denkmalschutz.

Auch Schiltachs Altstadt zeigt vielgestaltiges Fachwerk. Das mächtige Dach
mittendrin mit einem Stufengiebel gehört zum reich bemalten Rathaus.

Endlich ist der Landesherr eingetroffen: Das Hornberger Schießen kommt alljährlich auf die Freilichtbühne.
Dieses Volksschauspiel basiert auf einer Begebenheit, die sich im Jahre 1564 zugetragen haben soll.

Das kläglich ausgegangene Hornberger Schießen wurde zum bunten Kostümspektakel – und fand Eingang in den Sprichwortschatz.

Immer wieder donnerte Salut durch das Tal – Fehlalarm. Als der Landesherr schließlich erschien, war alles Pulver verschossen. Das Hornberger Schießen wurde sprichwörtlich.

suchen sich moderne Schatzsucher und schleppen kiloweise Erze nach Hause. Ansonsten ist der Bergbau eher museal zu erleben wie in der Grube Wenzel in Oberwolfach oder im Haslacher Ortsteil Schnellingen im Besucherbergwerk „Segen Gottes".

Um an die Bergschätze zu gelangen, wurden allein um Hausach etwa 60 Gruben, Stollen und Schächte gegraben, in denen im 16. Jahrhundert etwa 300 Bergleute schufteten. Wie schwierig es war, das geförderte Erz weiter zu verarbeiten, zeigt das Freilichtmuseum Erzpoche Hausach.

Als der Wald verschwand

Der Bergbau war einer der Gründe, dass der Schwarzwald im 14. Jahrhundert nahezu baumlos war und neu aufgeforstet werden musste. Neben der Nachfrage nach Grubenholz sorgte auch die nach Bauholz – aus dem von Erdbeben und Bränden heimgesuchten Basel beispielsweise –, nach Schiffsmasten für Holland und der enorme Holzverbrauch der Glasbläser für den Kahlschlag. Um ein Kilogramm Glas herzustellen, mussten zwei Kubikmeter Holz verbrannt werden. Die Bedeutung der Glasbläserei für die Region lässt sich noch an zahlreichen Ortsnamen ablesen und in manchem Heimatmuseum nachvollziehen.

Die Wolfacher Dorotheenhütte ist die letzte aktive Schwarzwälder Mundblashütte, und sie ist zugleich die jüngste, denn die große Zeit der Glasbläserei im Schwarzwald lag zwischen dem 13. und 19. Jahrhundert. Nach dem Zweiten Weltkrieg ließen Hamburger Kaufleute die alte Tradition wieder aufleben und gründeten die Dorotheenhütte, in der Besucher den Glasbläsern bei laufender Produktion über die Schulter schauen können.

Tüftler und Erfinder

Als die Schwarzwälder Glasbläser mit der Konkurrenz aus anderen deutschen Regionen nicht mehr mithalten konnten, verfielen die Einheimischen auf einen neuen lukrativen Erwerbszweig, die Uhrenindustrie. Zum Alleinstellungsmerkmal wurde die Kuckucksuhr, die sich noch immer bestens verkauft, in der traditionellen Aufmachung und in künstlerischen Abwandlungen. Die Uhrenindustrie bildete die Basis für die über Jahrzehnte für den Schwarzwald typische Radio- und Phonoindustrie. Einstige Weltmarken wie „Dual" bei Plattenspielern oder „Saba" bei Radio- und Fernsehgeräten sind in engen Schwarzwaldtälern entwickelt und produziert worden. Anfang der 1980er-Jahre waren sie der globalisierten und in Fern-

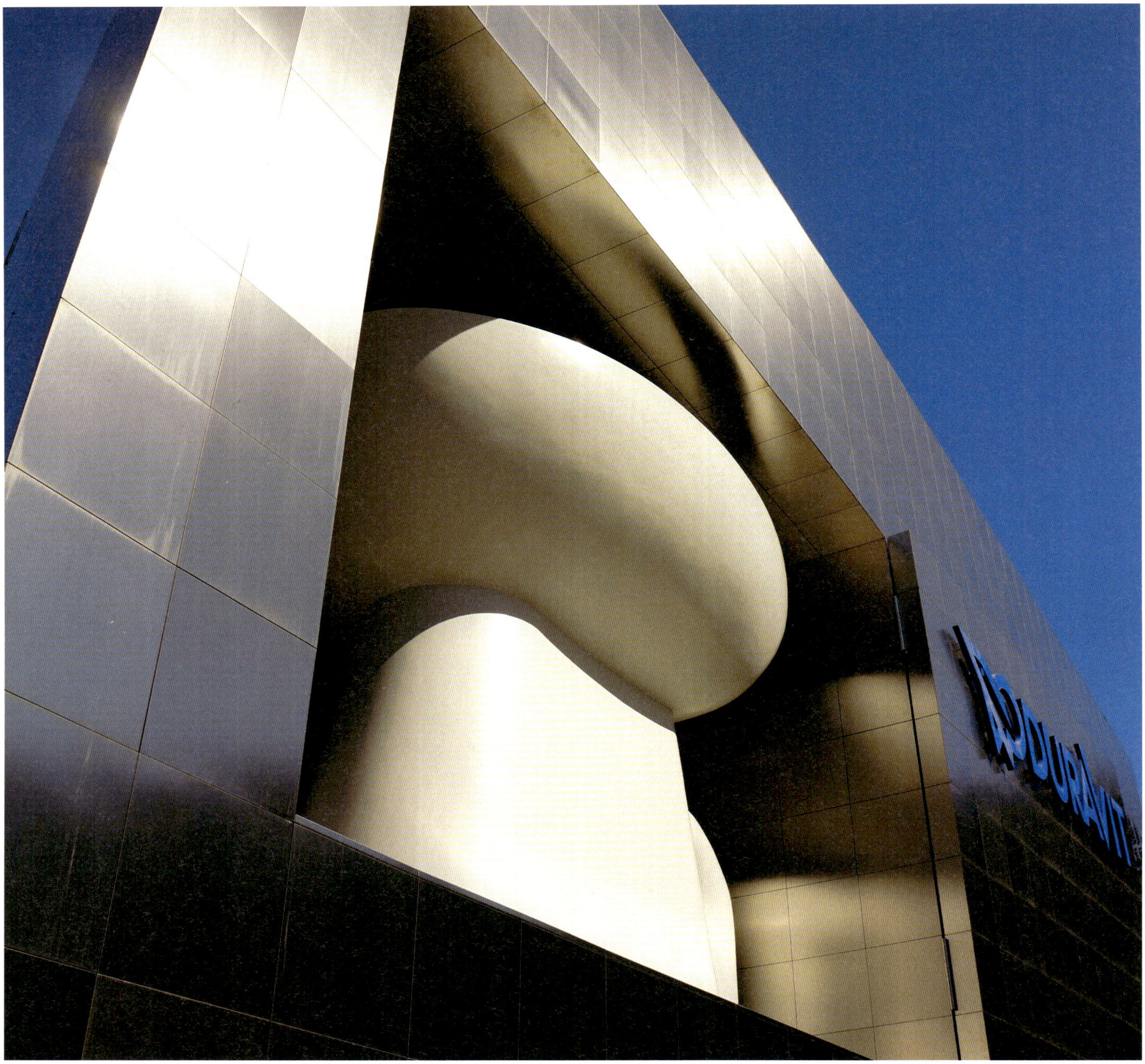

Weithin sichtbar: Hornbergs Duravit-Besucherzentrum mit einem Werk des französischen Designers Philippe Starck.

Generationen sind mit Hahn und Henne aufgewachsen. Das Original stammt aus der Zeller Keramik-Manufaktur.

Beim Triberger Uhrmacher Eble ist die größte Kuckucksuhr der Welt zu besuchen.

Im Waldkircher Elztalmuseum steht diese automatische Musikkapelle aus der Zeit um 1900.

Bollenhut

Special

Symbol für den Schwarzwald

Wer rote Bollen trägt, ist noch zu haben, wer schwarze trägt, ist vergeben. Der Bollenhut spricht seine eigene Sprache.

Stunden, ja Tage benötigen die Hutmacherinnen, bis 14 Pompons geknüpft und zugeschnitten sind. Zwei Kilogramm wiegen die Wollkugeln. Damit der Hut unter der Last nicht schlapp macht, wird der Rand mit einer Mischung aus Kalk und Gips verstärkt. Die Strohbänder für den Rohling müssen mit Baumwollfaden genäht sein, damit der Hut geleimt, gedämpft und gepresst werden kann. Zum Schluss nähen die Frauen die Wollkugeln an.

Berühmt machte den roten Bollenhut Sonja Ziemann, die 1950 als „Schwarzwaldmädel" die Kinos eroberte. Seit die Schwarzwald Tourismus Gesellschaft den Hut zum Markenzeichen erkor, steht er für den

Gutachs Bollenhutmacherin Gabriele Aberle

ganzen Schwarzwald. Das gefällt den Bollenhutmacherinnen nicht so recht, denn eigentlich trägt man ihn nur in Gutach, Kirnbach und Reichenbach, wo ihn die Mädchen häufig zur Konfirmation geschenkt bekommen. Richtig hoch geht den Hutmacherinnen aber der Hut, wenn sie in der Werbung einen Bollenhut sehen, der verkehrt herum aufgesetzt wurde.

ost wesentlich billiger produzierenden Konkurrenz nicht mehr gewachsen. Lediglich die Marke „Dual" ist seit einiger Zeit wieder in Fachgeschäften zu finden. Ein ehemaliger Mitarbeiter des Unternehmens hat sich die Lizenz für analoge Plattenspieler gesichert und produziert in St. Georgen die eindrucksvolle Zahl von 12 000 Geräten pro Jahr.

Design für die Zukunft

Nicht immer sind es Einheimische, die Innovationen anstoßen. Der gelernte Tuchmacher Hans Grohe kam 1899 aus der Nähe von Berlin in den Schwarzwald. Rasch erkannte er das Potential, das in dem noch jungen Sanitärbereich steckte. Aus seinem Drei-Mann-Betrieb entstand im 20. Jahrhundert ein weltweit agierendes Unternehmen. Einige international erfolgreiche Designer wie Philippe Starck, Patricia Urquiola, Ronan und Erwan Bouroullec arbeiten heute für das Unternehmen mit Stammsitz in Schiltach.

Mehr als 80 Jahre zuvor, aber nur wenige Kilometer weiter, mitten im Gutachtal, begann die Erfolgsgeschichte eines anderen, ebenfalls weltweit operierenden Unternehmens der Sanitärbranche. Als Georg Friedrich Horn 1817 in Hornberg eine Steingutfabrik bauen ließ, konzentrierte sich der Betrieb noch ganz

Im Freilichtmuseum Vogtsbauernhof wurde die bäuerliche Vergangenheit detailreich zusammengetragen – inklusive Besenbinderkurs bei Hans Heinzmann (oben links) und Blick in die Wohnstube des 400-jährigen Lorenzenhofs (oben rechts). Ursprung und Namengeber des Museums war der Vogtsbauernhof von 1612 (unten links). Doch auch außerhalb des Gutachtals blieb das Bild alter Zeiten erhalten: Seilerhof in Heuweiler bei Denzlingen (unten rechts).

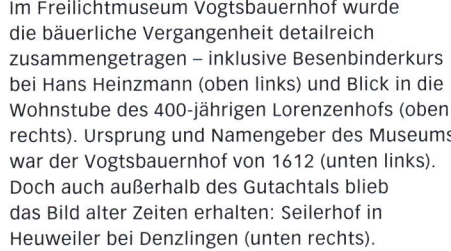

und gar auf die Produktion von Geschirr. Später erweiterte er die Palette auf Sanitärprodukte, die seit 1950 aus Porzellan hergestellt werden. Seit 1960 steht der Namen Duravit für herausragendes Design mitten im Schwarzwald, wie eine der ungewöhnlichsten Aussichtsplattformen in Hornberg dokumentiert: ein über drei Etagen aufragendes WC nach einem Entwurf des französischen Designers Philippe Starck.

Berg der Kräfte

Den unbestritten besten Blick über den Schwarzwald und die Rheinebene bietet der Kandel. 1241 Meter ist der Berg zwischen Elz-, Simonswälder und Glottertal hoch – doch er wirkt weit höher, da er die Umgebung deutlich überragt. Ein Dorado für Kletterer, Drachen- und Gleitschirmflieger, Skifahrer aller Disziplinen und Radsportler, die die Anfahrt von Waldkirch mit einem alpinen Schwierigkeitsgrad schätzen.

Einst galt der Kandel als Blocksberg des Schwarzwaldes – und im Elztal tobte die Hexenverfolgung.

Ob sie alle diese mystische Kraft spüren, die dem Berg zugeschrieben wird? Im 14. und 15. Jahrhundert galt der Kandel als Blocksberg des Schwarzwaldes, also als ein zentraler Schauplatz von Hexenzusammenkünften, wo die Hexen ihrem unheimlich-magischen Treiben nachgingen. So avancierte das untere Elztal zu einer Hochburg der Hexenverfolgung an Oberrhein und Schwarzwald. Als ausgerechnet in der Walpurgisnacht 1981 der größte Teil der Teufelskanzel, eines mächtigen Felsmassivs an der Nord-West-Seite des Kandel, abstürzte, waren die Fragen nach den magischen Kräften des Berges wieder aktuell.

Besondere Orte

Wege im schwarzen Wald

An einem Sonntagnachmittag im Sommer erinnert die Stimmung an den touristischen Highlights im Schwarzwald ein bisschen an einen Rummelplatz. Nichts ist zu spüren vom Zauber des schwarzen Waldes – es sei denn, man beschreitet andere Wege, ein wenig abseits, manchmal ein bisschen anstrengend, dafür zauberhaft.

4 Komfortabel zelten

Wer keine Höhenangst hat, wird vermutlich wohlig in einem der Baumzelte am Schluchsee einschlummern, zwei oder drei Meter über dem Boden, zwischen Bäumen schwebend und nur über eine Strickleiter erreichbar. Wem das zu wackelig ist, bleibt besser auf dem Boden. In einem Tipi auf einer stabilen Holzplattform, vielleicht sogar mit Feldbett, auf alle Fälle mit Küchenkiste und Holzofen. Das glamorous camping, kurz Glamping, hat den Schwarzwald erreicht.

Schwarzwald-Camp
Raphael Kuner, Im Gewann Zeltplatz 2, Schluchsee
Tel. 07656 9 88 99 83, www. schwarzwaldcamp.com

1 Auf den Belchen

Der kahle Berg gilt als einer der schönsten Aussichtspunkte im Südschwarzwald. Weit in die Vogesen hinein und bis zu den Alpen reicht der Blick. Es lohnt sich, dort den Sonnenaufoder untergang zu erleben. Die Guides von Original Schwarzwald organisieren ein Bergfrühstück oder ein Fondue im Belchenhaus.

Original Schwarzwald
Brühlmatten 16
79295 Sulzburg
Tel. 07634 5 69 56 26, www. original-schwarzwald.de

2 Zum Feldsee

Gletscher haben den größte Karsee im Schwarzwald ausgeschliffen, den 32 Meter tiefen Feldsee am Fuße des Seebuck. Er ist an drei Seiten von hohen Felswänden umrahmt, das seltene Praxenkraut gedeiht hier. Ein sagenumwobener Ort, den man vom Seebuck aus erwandern kann oder man geht die große Runde über den Feldbergsteig und kommt am See vorbei.

Rundweg ab Parkplatz Feldberg über Seebuck 9 km Einkehrmöglichkeit im Raimartihof (S. 86)

3 Durchs Höllental

Die steilste Hauptbahn Deutschlands fährt halbstündlich von Freiburg durch das Höllental nach Titisee-Neustadt und überwindet dabei Steigungen von mehr als 50 Prozent. Als sie 1887 eröffnet wurde, nahm damit auch der Tourismus im Hochschwarzwald Fahrt auf. Noch heute ist die Strecke landschaftlich ein Erlebnis, ist doch das Höllental mit dem Hirschsprung eine der gewaltigen Schluchten des Südschwarzwaldes. Sieben Tunnel mussten gebaut werden, einer davon ist der Ravennatunnel, der direkt an die 36 Meter hohe und 224 Meter lange Brücke (Bild) über die gleichnamige Schlucht anschließt.

Fahrplan- und Tarifinfos
Regio-Verkehrsverbund Freiburg
Bismarckallee 4
79098 Freiburg
Tel. 0761 20 72 80
www.rvf.de

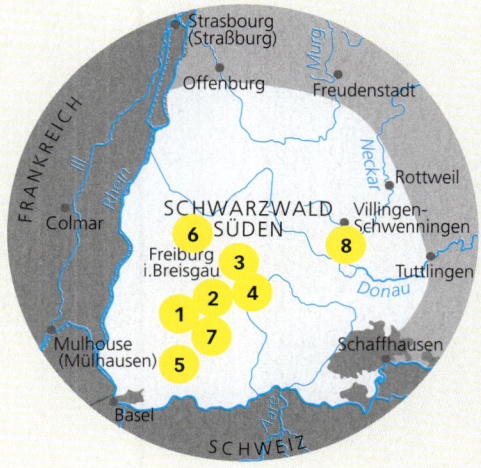

5 Wandern im Wehratal

Fast 1000 Höhenmeter überwindet, wer von Todtmoos durch das romantische Wehratal nach Wehr wandert. Der Weg ist nicht barrierefrei, führt er doch durch einen seit Jahrzehnten der Natur überlassenen Bannwald. 27 Kilometer lang ist der Weg von der Quelle der Wehra bis zu ihrer Mündung in den Hochrhein. Die ersten 13 Kilometer von Todtmoos-Au bis zum Stausee oberhalb von Wehr führt der Pfad durch Naturräume, in denen keine Siedlungsspuren zu finden sind.

Tourist-Info Wehr
Hauptstr. 14, 79664 Wehr
Tel. 07762 80 86 01
www.wehr.de

6 In den Berg

Der Reichtum mancher Schwarzwaldgemeinde hat ihren Ursprung in den Bodenschätzen. Auch die Bauherren des Freiburger Münster ließen die Silbervorräte im Schauinsland für den Kirchenbau bergen und verewigten dies in einem der Fenster des Münsters. Heute fahren Touristen in den Schauinsland ein, ebenso wie in zahlreiche andere Bergwerke des Südschwarzwaldes, um sich ein Bild von den harten Arbeitsbedingungen unter Tage zu machen.

Übersicht über die Bergwerke: www.schwarzwald-tourismus.info

7 Am Wasser

Vom Fahler Wasserfall am Feldberg zum Todtnauer Wasserfall führt über zwölf Kilometer der Wasserfallsteig auf schmalen Wegen und Pfaden. In Todtnau warten Holzliegen von Vitra beim tosenden Wasser für die Entspannung nach dieser rund dreistündigen, herrlichen Tour.

Wasserfall- und Routen-Informationen unter www.schwarzwald-tourismus.info, Stichwort Wasserfallsteig

8 Durchs Schwenninger Moor

Die Europäische Wasserscheide verläuft mitten durch das Schwenninger Moos, ein geschütztes Moorgebiet auf 705 Metern Höhe. Hätten nicht engagierte Naturschützer 1987 die Initiative ergriffen, um die Verwaldung des ehemaligen Torfabbaugebiets aufzuhalten, wäre das 120 Hektar große Regenmoor zwischenzeitlich vermutlich verschwunden. Jetzt kann man auf Holzbohlen sicher durch das Moorgebiet wandern, seltene Pflanzen entdecken wie den Sonnentau, Tiere beobachten und an der Quelle des Neckars verweilen, der hier entspringt.

Der Rundweg ist ca. 3,5 Kilometer lang. Tafeln informieren über die Besonderheiten. Parken kann man beim Schwenninger Eisstadion, von dort aus sind es rund zehn Minuten Fußweg zum Einstieg ins Moor.

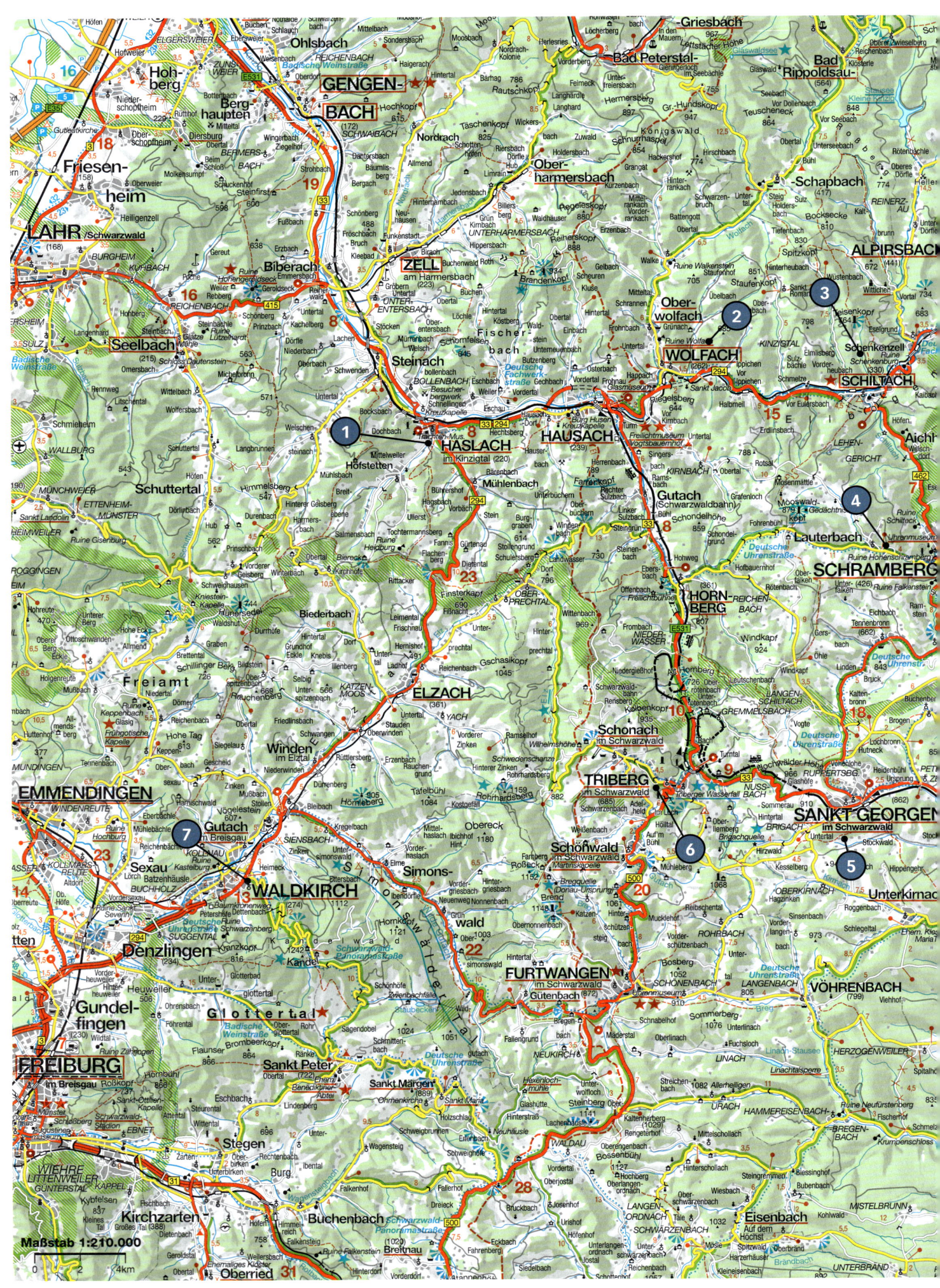

Fachwerk, Flößer und Fabriken

Das Kinzigtal ist mit einer Länge von 95 Kilometern das größte Talsystem im Schwarzwald und durchschneidet das Mittelgebirge fast auf seiner gesamten Breite von Ost nach West. Natur und Kultur, Technik und Kunst kennzeichnen das vielfältige Feriengebiet.

❶ Haslach

Der Geburts- und Sterbeort (7000 Einw.) des Heimatschriftstellers Heinrich Hansjakob (1837 bis 1916) zeigt am Markt schöne Fachwerkhäuser.

MUSEEN

Mehr als 100 Trachten des Schwarzwaldes sind im **Trachtenmuseum** im gut erhaltenen barocken Kapuzinerkloster (um 1630) zu sehen (Klosterstr. 1; April–Mitte Okt. Di.–So. 10.00 bis 12.30 und 13.30–17.00, sonst Di.–Fr. 10.00 bis 12.30 und 13.30–16.00 Uhr). Zu den bedeutenden Schwarzwaldbergwerken gehört die ehem. **Silbergrube „Segen Gottes"** (Urspr. 16. Jh.; Silberbergweg; April–Okt. Di.–So. Führungen 11.00, 13.30 und 15.30 Uhr).

HOTELS / RESTAURANTS

Schon Heinrich Hansjakob war in dem 500 Jahre alten € **Gasthof zu den Drei Schneeballen** zu Gast und verewigte dessen Schwarzwälder Gastlichkeit literarisch. Mit Gästezimmern (Hauptstr. 11, 77716 Hofstetten, südw. Haslach, Tel. 07832 28 15, www.drei-schneeballen.de). Direkt am (Schwarzwald-)Westweg bietet der € **Harkhof** Vesper und nette Zimmer. Viele der hier erzeugten Hausmacher Spezialitäten kann man auch mitnehmen (Hark 1, 77784 Oberharmersbach, Tel. 07837 8 35, www.harkhof.jimdo.com).

UMGEBUNG

In der einst kleinsten Reichsstadt **Zell am Harmersbach** (8000 Einw.) findet man auf Schritt und Tritt Erinnerungen an 850 Jahre Stadtgeschichte. An die Hafnervergangenheit erinnert die bekannte Keramik mit Hahn und Henne. Der Storchenturm, Rest der im 14. Jh. errichteten Stadtbefestigung, beherbergt Zeugnisse der Stadtgeschichte und Brauchtum wie die Zeller Narro-Figuren (www.storchenturm-museum.de; April–Okt. Di., Fr., So. 14.00 bis 17.00 Uhr).

INFORMATION

Tourist-Information, Klosterstr. 1
77716 Haslach, Tel. 07832 70 61 72
www.haslach.de

Trachtenträgerinnen im Vogtsbauernhof (oben). Wolfachs Rathaus (o.r.); Glasbläser bei der Arbeit in der Dorotheenhütte

❷ Wolfach

Das Untere Tor, Rest der mittelalterlichen Umringung (12./13. Jh.), ist heute das Eingangstor der Stadt (6000 Einw.). Prächtige Bürgerhäuser, das mit Fresken bemalte Rathaus von 1884 und das Schloss prägen das Ortsbild.

ERLEBEN

Grube Wenzel ist heute Besucherbergwerk (Frohnbach 19, Oberwolfach, www.grube-wenzel.de; Ostern–Okt. Di.–So. Führungen 11.00, 13.00, 15.00 Uhr). Die **Grube Clara** ist noch in Betrieb und eine berühmte Mineralienfundstelle. Auf der Mineralienhalde kann jeder sein Glück versuchen (Rankach 77, Oberwolfach, www.clara-mineralien.de; April–Okt. Mo.–Sa. 9.00–17.00, Juli, Aug. auch So. 10-17.00 Uhr). In der **Dorotheenhütte** können die Kunst des Glasblasens angeschaut und 2000 Jahre Glasgeschichte nachvollzogen werden. Wer mag, bläst selbst eine Glasvase (Glashüttenweg 4, www.dorotheenhuette.info; tgl. 9.00–17.00 Uhr).

UMGEBUNG

Der Bau der Schwarzwaldbahn war Ende des 19. Jh. eine technische Meisterleistung. Die Modellbahnanlage in **Hausach** gibt das große Vorbild detailreich wieder (Eisenbahnstr. 52a, www.schwarzwald-modell-bahn.de; April bis Okt. Di.–So. 10.00–18.00, sonst Do.–So. 10.00 bis 17.00 Uhr). Das kleine **Gutach** ist vor allem durch das **Freilichtmuseum Vogtsbauernhof** TOPZIEL bekannt. Neben dem namengebenden Hof stehen mehrere typische Schwarzwaldhöfe. Tgl. werden alte Handwerkstechniken vorgestellt (www.vogtsbauernhof.org; Ende März–Anf. Nov. tgl. 9.00-18.00, Aug. bis 19.00 Uhr). Auf der benachbarten **Gutacher Sommerrodelbahn** geht es über Kreisel und durch Tunnel 1150 m in die Tiefe (www.sommerrodelbahn-gutach.de; April–Anf. Nov. tgl. 10.00–18.00, sonst Sa., So. 13.00–16.00 Uhr). Auf der **Hornberger** Freilichtbühne wird jedes Jahr im Juli und Aug. das Schauspiel „Hornberger Schießen" aufgeführt. Das **Duravit Design Center** zeigt preisgekrönte Sanitärkeramik, gibt Einblick in den Produktionsprozess und die Geschichte des bekannten Unternehmens (Werder Str. 36, www.duravit. de; Mo.–Fr. 8.00 bis 18.00, Sa. 12.00–16.00 Uhr).

INFORMATION
Tourist-Information
Hauptstr. 41, 77709 Wolfach
Tel. 07834 83 53 53, www.wolfach.info

❸ Schiltach

Prachtvolle Fachwerkhäuser säumen nicht nur den Marktplatz, sondern prägen das Gesicht des ganzen „Städtle" (3900 Einw.).

MUSEEN
Im Wortsinn viel zu hören gibt es im **Museum am Markt**, das modern und anschaulich Stadtgeschichte präsentiert (Marktplatz 13; April–Okt. tgl. 11.00–17.00, sonst Sa. und So. 11.00–17.00 Uhr). Flößerei, Holzverarbeitung und die für Schiltach ebenfalls wichtige Gerberei sind Thema im **Schüttsägemuseum** (Hauptstr. 1; April–Okt. tgl. 11.00–17.00, Nov., Dez. Sa. und So. 11.00–17.00 Uhr; Vorführung Fr. 15.00). Das **Apothekenmuseum** ist aus einer Apotheke von 1837 hervorgegangen (Marktplatz 5; April und Mai Di.–So. 14.30 bis 16.30, Juni–Okt. Di.–So. 10.30–12.00 und 14.30 bis 16.30 Uhr). Am Stadtrand ist der Badspezialist Hans Grohe zu finden; in seiner **Aquademie** kann man von der mittelalterlichen Badestube an die Geschichte des Badens verfolgen (Auestr. 9, www.aquademie.de; Mo.–Fr. 7.30–19.00, Sa., So. und Fei. 10.00–16.00 Uhr).

INFORMATION
Tourist-Information, Rathaus
Marktplatz 6, 77761 Schiltach
Tel. 07836 58 50, www.schiltach.de

Tipp

Genuss aus der Kiste

Sie heißen „Fratz", „Mundele", „Gschasl" oder „Elztäler" und stammen alle vom Dorerhof in Elzach, aus einer von 18 Hofkäsereien entlang der Käseroute, die das Elztal mit dem Wehratal verbindet. Überall kann man Käsespezialitäten vor Ort probieren und einkaufen – oder man lässt sich ein „Schwarzwälder Käsekistle" schicken.

INFORMATION
www.naturpark-kaeseroute.de
Käsekiste: Biomanufaktur Schwarzwald-Bodensee Vertriebsgesellschaft
www.biomanufaktur-schwarzwald.de

Viehhaltung hat Tradition (oben); Mühle im Prechtal, einem Seitental des Elztals (o.r.), Schwarzwaldmuseum Triberg (u.)

❹ Schramberg

Die in einem Talkessel liegende Stadt (21 000 Einw.) besitzt eine große Uhrmachertradition.

MUSEEN
Die **Auto & Uhrenwelt** umfasst vier Museen zur Technik- und Wirtschaftsgeschichte: ErfinderZeiten mit Auto und Uhrenmuseum, Eisenbahnmuseum mit Modellen im Maßstab 1:22,5 und Dieselmuseum (Gewerbepark H.A.U. 3/5) sowie Autosammlung Steim (Göttelbachstr. 49), die Fahrzeug-Raritäten ab 1907 zeigt (www. auto-und-uhrenwelt.de; Mitte März–Okt. Di. bis So. 10.00–18.00 Uhr, sonst kürzer). Uhren ticken im **Stadtmuseum** (Bahnhofstr. 1; Di.–Sa. 13.00–17.00, So. und Fei. 11.00–17.00 Uhr).

HOTELS/RESTAURANTS
Im € € **Hirschen** werden Produkte der Region, heimisches Wild und Forellen aus den Schwarzwaldbächen serviert und auch ein Zimmer bereit gehalten (Gasthof Hirsch, Hauptstr. 11, 78713 Schramberg, Tel. 07422 28 01 20, www.hotel-gasthof-hirsch.com).

INFORMATION
Tourist-Information, Hauptstr. 25
78713 Schramberg, Tel. 07422 2 92 15
www.schramberg.de

❺ St. Georgen

Ursprung der Stadt (13 000 Einw.) ist ein im 11. Jh. gegründetes und 1633 kriegszerstörtes Benediktinerkloster. Zwischen 1720 und 1900 spielte die Uhrenherstellung eine große Rolle.

MUSEEN
Das **Deutsche Phonomuseum** erinnert an den Weltruf der Plattenspieler aus dem Schwarzwald (Bärenplatz 1; tgl. außer Mo. 11.00–17.00 Uhr). **Sammlung Grässlin** zeigt zeitgenössische Kunst und ist Ausgangspunkt für einen Stadtspaziergang, auf dem in 20 externen Räumen Kunstwerke gezeigt werden (Museumstr. 2, Tel. 07 72 4 916 18 05, www. sammlung-graesslin.eu; nur nach Vereinb.).

RESTAURANTS
Der Name erinnert an den Maler Martin Kippenberger, einen Freund der Familie Grässlin. Sabine Grässlin kocht im € **Kippys** Lieblings-

gerichte des Betreiberteams (Museumstr. 2, Tel. 07724 94 88 02, www.kippys.eu; Mo.–Fr. 9.00–14.00, Mo., Mi., Do. und Fr. auch 17.00 bis 24.00 Uhr).

INFORMATION
Tourist-Information
Hauptstr. 9, 78112 St. Georgen
Tel. 07724 8 71 94, www.st-georgen.de

❻ Triberg

400 m Höhenunterschied liegen zwischen dem tiefsten und dem höchsten Punkt der Stadt (4800 Einw.). Nicht nur im Museum ist hier vieles typisch Schwarzwald.

SEHENSWERT
Die **Wallfahrtskirche „Maria in der Tanne"** (um 1700) hat eine prachtvolle barocke Innenausstattung. Schnitzereien im **Rathaussaal** zeigen Szenen aus dem Leben im Schwarzwald (Hauptstr. 57; Mo.–Do. 9.00–12.00 und 17.00–16.00, Fr. 9.00–12.00 Uhr).
Die Familie Eble fertigt seit 1880 Schwarzwälder Uhren und ist seit 1997 sogar im Guinessbuch der Rekorde verewigt: Die Familie baute die weltgrößte begehbare **Kuckucksuhr** (Schonachbach 27, www.uhren-park.de; Ostern–Okt. Mo.–Sa. 9.00–18.00, So. 10.00 bis 18.00, sonst Mo. bis Sa. 9.00–17.30, So. 11.00 bis 17.00 Uhr).

MUSEEN
Trachten, Uhren, Drehorgeln, Werkstätten mit alten Schwarzwälder Handwerkstechniken, Bergwerk und Wintersport – das **Schwarzwaldmuseum** zeigt alles, was für die Region typisch ist (Wallfahrtstr. 4, www.schwarzwaldmuseum.de; April–Sept. tgl. 10.00–18.00, sonst Di.–So. 10.00–17.00 Uhr).

ERLEBEN

Die Gutach fällt über sieben Kaskaden ins Tal und bildet mit 163 m Höhe damit einen von Deutschlands höchsten **Wasserfällen**. Das Naturschauspiel kann man auf drei langen Wegen erkunden. Ferner gibt es einen Erlebnispark und einen Hochseilgarten.

INFORMATION

Tourist-Information
Wallfahrtstr. 4, 78098 Triberg
Tel. 07722 86 64 90, www.triberg.de

❼ Waldkirch

Das Elztalzentrum (21 000 Einw.) am Fuß des Kandel erhielt 1300 Stadtrecht und ist für den Orgelbau bekannt.

MUSEEN

Im Chorherrenstift (18. Jh.) präsentiert das **Elztalmuseum** den Waldkircher Orgelbau, mechanische Musikinstrumente und Zeugnisse der Stadtgeschichte (Kirchplatz 14, www.elztal museum.de; Ostern–Okt. Di.–Sa. 15.00–17.00, So. 11.00–17.00 Uhr, sonst Di., Do. geschl.).

ERLEBEN

Dank tatkräftiger Bürger ist die **Ruine Kastelburg** (Urspr. um 1280, 1634 zerstört), ein Beispiel für den klassischen Burgenbau im Breisgau, zu einem Ausflugsziel geworden (Turm Ostern–Nov., Nacht- und Familienführungen im Sommer). Über das Rheintal bis zu den Vogesen kann man vom **Baumkronenweg** im Naturerlebnispark Waldkirch schauen. Zum Schluss geht es mit Europas längster Röhrenrutsche oder auf einem Wanderweg wieder zurück auf den Boden zum Barfußpfad und Sinnesweg (Erwin-Sick-Str., www.baumkronen weg-waldkirch.de; Mitte Mai–Mitte Sept. 10.30 bis 19.00 Uhr, April, Anf. Mai, Ende Sept. und Okt. kürzer).

UMGEBUNG

Der **Kandel** (1242 m) ist ein Dorado für Sportler aller Art. Zufahrt für Autos von Waldkirch oder von St. Peter. Vom Parkplatz sind es noch 400 m zu Fuß zum Gipfel mit bester Aussicht über den Schwarzwald und die Rheinebene. Ein Kleinod im Schwarzwald ist das **Simonswälder Tal**. Die Fahrt entlang der Wilden Gutach ist eine Reise in unberührte Natur. 83 % des Tales ist bewaldet, hier leben lediglich 3100 Menschen. Je weiter man in das Tal hineinkommt, desto enger und romantischer wird es. Wegen seiner steil abfallenden Lage haben sich viele Mühlen angesiedelt, von denen sechs an einem 9 km langen Themenweg liegen (ab Festplatz Simonswald). Die historische Ölmühle von 1712 kann besichtigt werden (Ostern–Nov. Do. 10.00–15.00, Sa. 10.00–15.00 Uhr).

INFORMATION

Tourist-Information
Kirchplatz 3, 79183 Waldkirch
Tel. 07681 1 94 33, www.waldkirch.info

Genießen   Erleben   Erfahren

DuMont Aktiv

Mit einem Lächeln

Radfahren durch den Schwarzwald? Mit einem E-Bike wird die Tour zum Genuss. Das Kinzigtal bietet einzigartige Bedingungen, um ganz entspannt und mit einem Lächeln am Ziel anzukommen, egal, wie gut die eigene Kondition auch sein mag.

Sportlich ambitionierte Radfahrer erproben ihre Kondition eher am Feldberg und selbstverständlich ohne Unterstützung durch einen Elektromotor. Doch wer gern gemütlich und genussvoll durch die Landschaft radelt, ist auf dem Kinzigtalradweg mit seinem leichten Gefälle genau richtig – vorausgesetzt, man fährt von der Quelle zur Mündung. Sonst wird das leichte Gefälle zur Steigung – aber auch das ist mit einem E-Bike nicht wirklich ein Thema. Schließlich verdoppelt der Elektromotor die eigene Kraft. Ein dicker grüner Pfeil neben einem grünen Fahrrad weist den Weg auf dem 95 km langen, meist asphaltierten Radweg, der für Tourenradler ebenso geeignet ist wie für Eltern mit Kindern im Fahrradanhänger. In den schönen Fachwerkstädtchen entlang der Route gibt es genügend Gelegenheit für kulinarische und kulturelle Pausen.

E-Bikes verleihen im Kinzigtal fast 30 Anbieter, an fast 70 Stationen kann man leere Akkus laden oder tauschen. Die Reichweite hängt von der Topografie der Strecke ab. Je nach eigener Kondition ist maximale Unterstützung oder maximale Reichweite wählbar. Und wen die Lust – oder Kraft – doch früher als erwartet verlassen sollte, der fährt einfach mit der Bahn weiter.

Weitere Informationen

Adressen der **Verleihstationen** (Gengenbach, Haslach, Hornberg, Schiltach, Schramberg, Oberwolfach, Wolfach, Zell am Harmersbach) und Abgabestellen der **Ladestationen** sowie **Tourentipps** bei

Kinzigtal Tourismus:
www.kinzigtal.com/entdecken/
kinzigtal-aktiv/ebike
Tourist-Information Wolfach:
www.wolfach.info

Radeln muss nicht anstrengend sein: Mit E-Bike und einem gut geladenen Akku macht selbst die steilste Schwarzwaldstrecke wenig Mühe.

Lebensart für kreative Köpfe

Ist Freiburg so gut wie sein Ruf? Der Freiburger Kabarettist Matthias Deutschmann meint: fast. Doch welchen Ruf meint er? Den der traditionsreichen Universitätsstadt oder den der nachhaltigen Großstadt? Den der Tourismushochburg oder den der Genussmetropole? Egal, Freiburg hält überall gut mit. Universität, Green City, mittelalterliche Altstadt und Gastronomie geben ihr Bestes.

Blick vom Schlossberg auf das Schwabentor, dem traditionellen Entrée zu Freiburgs Altstadt

Mit Blick auf das Freiburger Münster: die Alte Wache, heute Haus der Badischen Weine

Bester Freiburger Aussichtspunkt ist der Münsterturm: Von hier oben genießt man den Blick auf die Altstadt, das Marktgeschehen und auf das Historische Kaufhaus mit seinem Fassadenschmuck.

Eine Steinmetzin der Münsterbauhütte
im Maßwerk des Münsterturms

Vorbei am Markttreiben auf dem Münsterplatz führt der Weg
zum prachtvoll geschmückten Münsterportal.

Dem Kunsthistoriker Jacob Burckhardt wird das Zitat zugeschrieben, das Freiburger Münster schmücke der „schönste Turm der Christenheit".

Tradition und Fortschritt prägen die kleine Großstadt, umrahmt von Weinbergen, Schwarzwaldhöhen und Oberrheinebene. Hier findet man noch Handwerker, die Schuhe von Hand nähen oder Gürtel nach Maß fertigen, hier kann man direkt neben dem Schwabentor Schrauben, Muttern und Haken einzeln kaufen oder sich in der Schusterstraße einen originellen Stempel schneiden lassen, um seine Bücher vor dem Verleihen eindeutig zu kennzeichnen. Aber zugleich arbeiten in der sonnenverwöhnten Stadt auch 12 000 Freiburger in Unternehmen der Umwelt- und Solarwirtschaft. Die Firmen haben keine Probleme, kreative Köpfe anzuziehen, denn es locken nicht nur Wissenschaft und Technologie nach Freiburg, sondern auch vielfältige Kultur, ein herrliches Klima, die vielgestaltige Landschaft und natürlich eine anziehende Lebensart in reizvoller Nähe zum fränzösischen Nachbarn.

Internationale Beachtung

Der Club of Rome sagte schon frühzeitig vorher, die Märkte der Zukunft würden grün sein – was stimmt. Aber die etwa 100 Betriebe, die in Freiburg mit 2000 Mitarbeitern speziell für die Solarwirtschaft produzieren, mussten ebenfalls feststellen, dass es auch in

dieser „grünen" Branche Konjunkturdellen geben kann. Das sogenannte Cluster Green City hat sich deshalb zum Ziel gesetzt, den meist mittelständischen Unternehmen im Bereich Erneuerbare Energien Wege aufzuzeigen, wie diese ihre Innovationen verwirklichen, sich neue Marktzugänge erschließen und ihre Wettbewerbsfähigkeit steigern können. Diese weitreichenden Bemühungen um eine zukunftsträchtige und ökologisch ausgerichtete Politik finden auch international Beachtung. So wurde Freiburg 2012 beim UN-Gipfel in Rio de Janeiro als einzige deutsche Stadt für seine Nachhaltigkeitspolitik ausgezeichnet und nur wenige Monate später zur nachhaltigsten Großstadt Deutschlands gekürt.

In die Zukunft radeln

Nicht verwunderlich in einer Stadt, in der die Bevölkerung etwa ein Drittel ihrer täglichen Wege per Rad zurücklegt. Eindrucksvolle 400 Kilometer umfasst das Freiburger Radwegenetz, das 35 000 Radler jeden Tag nutzen. Doch das reicht den Freiburgern nicht. Bis zum Jahr 2020 sollen es noch deutlich mehr werden. Ehrgeizige Pläne, deren Umsetzungschancen vor allem davon abhängen, dass die Mitnahmebedingungen von Fahrrädern im öffentlichen

Mit Kreide auf eine Tafel geschrieben: Tageskarte
von „Oberkirchs Weinstuben" am Münsterplatz

Das alte Handwerkerquartier Gerberau ist heute eines der Freiburger Ausgehziele.

Im Augustinermuseum sind die Originalskulpturen
des Freiburger Münsters einmal von Nahem zu betrachten.

Aus Bächle-Sicht: Freiburgs Neues Rathaus. Vom Türmchen des Dachgiebels ertönt täglich um 12.00 Uhr ein Glockenspiel.

Das Treiben in Freiburgs Altstadt ist ganz von einem entspannt-südlichen Flair bestimmt.

Nahverkehr verbessert werden – wie eine Umfrage des Allgemeinen Deutschen Fahrradclubs ergab.

Freiburg ist also schon Spitze bei Kriterien wie „alle fahren Rad" und hinsichtlich der Erreichbarkeit des Stadtzentrums – wobei hier auch offiziell entgegen der Einbahnstraßenrichtung geradelt werden darf. Aber bei der Organisation von Baustellen, bei der Ampelschaltung und eben der Mitnahme in Bus und Bahn ist noch deutlich Luft nach oben. Trotzdem, 2013 reichte es zu Platz zwei unter den fahrradfreundlichsten der Städte mit mehr als 200 000 Einwohnern.

Sorgenkind Münsterturm

Das alles wird Touristen, die über das Kopfsteinpflaster durch die romantischen Gässchen entlang der Freiburger Bächle bummeln, kaum bewusst – es sei denn, sie schließen sich einer der Solar- oder Umweltführungen an. Die meisten machen sich lieber auf den Weg zum Münster, dessen hoch aufragende, filigran durchbrochene Turmspitze zum Wahrzeichen Freiburgs wurde. Doch es steht nicht gut um diese Landmarke. Der Sandstein wird brüchig, ganze Brocken haben sich schon aus dem Bauwerk gelöst. Einmal mehr ist der Turm eingerüstet, und 60 rundum aufgespannte Netze

sollen verhindern, dass Steine oder auch Werkzeuge der Restauratoren hinab auf die Münsterplatzbesucher fallen.

Schwindelfrei sollten diejenigen schon sein, die dort oben arbeiten und nach umfassender Reinigung die mittelalterliche Bausubstanz restaurieren oder behutsam einzelne Steine ersetzen. Da die Arbeiten eine Menge Geld kosten, haben die Freiburger die Wiederherstellung zu einem Projekt gemacht und für 1000 Steine am Turmhelm finanzielle Patenschaften an Unterstützungswillige vergeben – vorneweg Fußball-Bundestrainer Joachim Löw, dessen Fußballerkarriere schließlich beim SC Freiburg begann.

Neues Quartier

Das Münster ist Freiburgs ewige Baustelle, zur größten hat sich in den vergangenen Jahren dagegen das neue attraktive Quartier in der Nordwestecke der Innenstadt gemausert. In der ersten Hälfte des 13. Jahrhunderts entstand, wo heute moderne Hochhäuser mit Geschäften und Büros stehen, ein Dominikanerkloster, an das nur noch mit ihrem Namen die Predigerstraße erinnert. Nach der Auflösung des Konvents entwickelte sich hier ein lebendiges Wohnviertel mit Handwerksbetrieben, Geschäften und Lokalen.

Das neugotische Colombischlössle beherbergt das Museum für Ur- und Frühgeschichte (oben links). Das Greiffeneggschlössle auf dem Schlossberg ist Aussichtspunkt und Restaurant zugleich (oben rechts). Die Blaue Brücke an der historistischen Herz-Jesu-Kirche verbindet den Stadtteil Stühlinger mit der Altstadt (unten links). Das 1996 am Konrad-Adenauer-Platz eröffnete Konzerthaus Freiburg ist eines der modernsten Gebäude der Stadt (unten rechts).

Bei den alliierten Bombenangriffen auf Freiburg im November 1944 ging auch Unterlinden in Flammen auf, denn so gemütlich Freiburg auf auswärtige Besucher wirkt – ein wechselhaftes Schicksal hat diese Stadt in allen Zeiten gehabt.

Bauarbeiter entdeckten bei den jüngsten Baumaßnahmen im Viertel einen Keller, damals wohl verschüttet und später überbaut. Vorratsregale mit Flaschen und Gläsern, ein Koffer mit Besteck und Geschirr wurden gefunden, die heute im Hauptgebäude des neuen Quartiers zu sehen sind, eingelassen in den Boden im Eingangsbereich, erreichbar über typisches Freiburger Pflaster entlang einem neu angelegten Bächle.

Nasse Füße

Damit wurde das rund sieben Kilometer lange Bächle-Netz Freiburgs ein kleines Stückchen verlängert. Seit mehr als 800 Jahren fließt frisches Wasser durch die Rinnen entlang der Gassen – ursprünglich sogar mitten drin, wie es heute noch in der Marktgasse zu sehen ist, die von der Kaiser-Joseph-Straße zum Münsterplatz führt. Das Bächle-Wasser war vor

Auch architektonisch vereint Freiburg Zukunftsträchtiges mit dem vielgestaltigen Erbe der Vergangenheit.

allem als Löschwasser und als Frischwasser für die Tiere gedacht. Die Abwässer versickerten in Gruben hinter den Häusern. Trinkwasser für die Bewohner lieferten zahlreiche Brunnen, und das Wasser für Gewerbebetriebe floss im Gewerbekanal, wie in der Gerberau zu sehen ist. Einige Zeit verborgen und überdeckt, wurden in den letzten Jahren viele Bächle wieder freigelegt – zur verständlichen Freude der Kinder, die manchmal ihre Boote darauf fahren lassen.

Es gibt vielerlei Möglichkeiten, hinauf
auf den Schauinsland zu kommen.

Das „Waldrestaurant St. Valentin" im Stadtteil Günterstal gehört
traditionell zu den beliebten Ausflugszielen der Freiburger.

In Günterstal ist auch das Kloster St. Lioba
mit seinem Kräutergarten zu finden.

Manch einen reizt es, den Schauinsland
mit dem Rad zu erobern.

Speziell auf dem Aussichtsturm macht der Schauinsland seinem Namen alle
Ehre. Von hier oben aus kann man sogar den Mont Blanc sehen.

Freiburger Kinder haben eine besondere Beziehung zu den Bächle, die seit jeher auch einen familienpolitischen Bezug aufweisen. Tritt nämlich ein Nicht-Freiburger versehentlich in eine dieser Wasserrinnen gehen die Einheimischen fest davon aus, dass er oder sie eine Freiburgerin oder einen Freiburger heiraten wird. Der eine oder die andere soll dies schon mal ausprobiert haben ...

Traditionsreiche Universität

Ob sich die Studentinnen und Studenten dessen bewusst sind, wenn sie sich im Sommer im klaren Wasser die Füße kühlen? Mehr als 24 000 junge Menschen besuchen die mehrfach ausgezeichnete Albert-Ludwigs-Universität in Freiburg – bereits 1457 gegründet und damit überaus traditionsreich. Sie prägen das Stadtbild und profitieren von einem Zusammenschluss ihrer Alma mater mit den Hochschulen in Karlsruhe, Straßburg, Mulhouse/Colmar und Basel, die ihren Studierenden gegenseitig freien Zugang zu den eigenen Lehrveranstaltungen ermöglichen. Seit 2013 geht es nach Mulhouse sogar im Eiltempo – mit dem TGV (Abkürzung für „train à grande vitesse"). Dieser französische Hochgeschwindigkeitszug verbindet Freiburg auch mit Paris – in einer Fahrtzeit von nicht einmal vier Stunden.

Besondere Souvenirs

Einkaufen im Schwarzwald

Ein bisschen Schwarzwald mit nach Hause nehmen? Eigentlich schon, aber Wetterhäuschen aus Plastik? Muss nicht sein. Kuckucksuhr und Co. gibt es nun auch in moderner Variante, zu jedem Einrichtungsstil passend. Und wer ein bisschen mehr Geld ausgeben will, wählt zwischen Schmuck und Haute Couture.

1 Schwarzwälder Stöffle

Den Himmel über dem Stübenwasen oder den Winter am Fahler Loch verarbeitet Kim Schimpfle zu traumhaft schönen Dirndln. Diese handgenähten Meisterwerke haben natürlich ihren Preis. Für alle, die weniger Geld ausgeben möchten, gibt es Accessoires wie Tücher oder ausgefallene Schmuckstücke für den Kopf.

Schwarzwald Couture Kim Schimpfle, Hildastr. 62 79102 Freiburg, Tel. 07 61 70 59 99 75, www.schwarz waldcouture.de

2 Schwarzwald für die Wand

Ein Schwarzwaldmädel mit einem Bollenhut in neongrün oder blau? Oder klassisch in rot? Selina Haas produziert Leinwände und Postkarten, um den Schwarzwald nach Hause zu holen oder in die Welt zu verschicken.

Selina Haas Design Sommerbergstr. 1 78136 Schonach Tel. 07722 91 97 42 www.selina-haas.de

3 Aus Holz

Drechseln gehört zu den ganz alten Handwerkskünsten und wo viele Bäume wachsen, liegt es nahe, alles, was man so braucht, aus Holz zu machen. Wie es früher gemacht wurde, zeigt man in Bernau Mitte August bei den Holzschneflertagen. Welche wunderbaren Formen man heute aus Holz schaffen kann, zeigt Alexander Ortlieb in seiner Werkstatt das ganze Jahr über.

A. Ortlieb Drechslerei Todtmooser Str. 6 79872 Bernau Tel. 07675 92 20 35 www.ortlieb-bernau.de

4 Die Kuckucksuhr mal anders

Wer sagt denn, dass ein Kuckuck immer braun sein und in einem verschnörkelten Häuschen sitzen muss? Die Firma Rombach & Haas mit Sitz in Schonach, dem Kuckucksuhren-Zentrum schlechthin, lässt den Vogel schon mal frei oder verpasst ihm und seinem Haus kräftige Farben oder auch ein Hirschgeweih. Seit 1894 betreibt die Manufaktur das Kuckucksuhren-Geschäft, und heute, mit Ingold und Conny Haas, bereits in der vierten Generation. Die beiden trauen sich einiges. Wenn es sein muss, können sie natürlich auch klassisch. Wem der Kuckuck übrigens nachts den Schlaf raubt, kann ihn einfach von Hand abschalten.

Rombach & Haas, Schwarzwalduhrenmanufaktur Sommerbergstr. 2 78136 Schonach Tel. 07722 52 73 www.black-forest-clock.de Werksbesuch möglich

5 Um den Finger gewickelt

Die Bächleringe sind ein Verkaufshit bei Lechler in Freiburg, gerne auch als Eheringe. Seit drei Jahrzehnten fertigt die Goldschmiede Schmuck in moderner Formensprache, seit einigen Jahren auch mit Motiven des Freiburger Münsters und typischen Gebäuden der Altstadt.

Golden, silbern oder grün schimmert Nana Fiedlers Schwarzwaldgold am Hals und am Ohr. Die Künstlerin fertigt Schmuck aus Manschetten der Tannenzäpfle-Manschetten.

Lechlers Goldschmiede
Schiffstr. 7
79098 Freiburg
Tel. 07 61 34 510
www.lechlers.de

Nana Fiedler
www.etsy.com/shop/
schwarzwaldgold
www.sunset-strandbar.de

6 Gute Wachstumsprognosen

In der Oberrheinebene ist nicht nur das Wetter besser als anderswo, auch die Böden sind sehr fruchtbar. Wer den Mut hat, Empfindliches zu transportieren, sollte sich bei der Kaiserstühler Gärtnerei Friderich auf dem Freiburger Markt einen Kräutertopf mitnehmen. Oder bei der Staudengärtnerei Gräfin von Zeppelin eine Iris. Auch wunderschöne Mitbringsel: die Rosen (Foto) im Landhaus Ettenbühl im Markgräflerland. Oder einfach nur schauen, schnuppern und vielleicht ein Foto machen.

Gärtnerei Klaus Friderich
Lehweg 2, 79361 Sasbach
Tel. 07642 72 22
www.friderich.de
auf dem Freiburger
Münstermarkt beim
Georgsbrunnen

Staudengärtnerei Gräfin
von Zeppelin, Weinstr. 2
79295 Sulzburg-Laufen
Tel. 07634 55 03 90, www.
staudengaertnerei.com

Landhaus Ettenbühl
Hof Ettenbühl, 79415 Bad
Bellingen-Hertingen
Tel. 07 63 5 82 79 70, www.
landhaus-ettenbuehl.de

7 Hahn und Henne

Kindheitserinnerungen werden bei vielen wach, wenn sie die Keramik Manufaktur in Zell am Harmersbach besuchen. Hahn und Henne spazieren tausendfach über Wiesen auf Tassen, Tellern und Kannen. Wer will, kann sich selbst im Malen versuchen und ein Unikat mit nach Hause nehmen.

Zeller Keramik Manufaktur
Hauptstr. 2
77736 Zell am Harmersbach
Tel. 07835 78 60
www.zeller-keramik.de

Großstadt mit romantischem Herz

Freiburg ist wunderbar überschaubar. Das gilt für die gerade mal einen Quadratkilometer große Altstadt ebenso wie für die Gesamtstadt mit ihren 220 000 Einwohnern. Tendenz steigend, denn Freiburg zählt zu den Großstädten in Deutschland, die am schnellsten wachsen. Und das soll noch bis 2040 so weiter gehen.

Allgemein

Nach der Gründung 1091 erhielt Freiburg 1120 Marktrecht. Im Zentrum entstand ab 1200 das Münster (1513 vollendet). 1218 starb mit Herzog Berthold V. der letzte schwäbische Zähringer und hinterließ seinem Neffen, Graf Egino von Urach, die Herrschaft Freiburg. Beim Ausbau der Stadt im 13. Jh. entstanden die sogenannten Freiburger Bächle (1246); in ihnen floss vor allem Löschwasser und Wasser für Tiere und Gewerbe. 1368 lösten sich die Freiburger vom ungeliebten Haus Urach und begaben sich unter den Schutz der Habsburger. Erzherzog Albrecht VI. stiftete 1457 die Freiburger Universität. Nach heftigen Kämpfen im Dreißigjährigen Krieg kamen 1677 die Franzosen des „Sonnenkönigs". Freiburg wechselte mehrfach zwischen Frankreich und Österreich, bis die Stadt 1805 Teil des von Napoleon geschaffenen Großherzogtums Baden wurde. Bischofssitz ist die Zähringergründung seit 1821. Mitte des 19. Jh. begann die Industrialisierung: 1845 war der Bahnhof an der Eisenbahnlinie Offenburg–Freiburg fertig, die Gasfabrik wurde eröffnet und die Stromversorgung eingeführt.

Erfrischung mitten in der Stadt: die Bächle (oben). Markt auf dem Münsterplatz (o.r.) und Blick vom Münster aufs Geschehen (u.r.)

Am 27. November 1944 starben 3000 Menschen bei einem alliierten Bombenangriff, der die Altstadt und angrenzende Gebiete zerstörte. Nach dem Wiederaufbau macht sich Freiburg seit 1984 vor allem als ökologisch geprägte Stadt einen Namen

INFORMATION
Tourist Information
Rathausplatz, 79098 Freiburg
Tel. 0761 38 81 88 0, www.freiburg.de

Sehenswert

Über die Schwabentorbrücke im Südwesten der Altstadt nähern sich die Besucher aus dem Schwarzwald und alle, die die Autobahnausfahrt Freiburg-Mitte nehmen. Vermutlich überspannte an dieser Stelle schon im 11. Jh. eine Brücke die Dreisam, da sich im Quartier **Oberlinden**, direkt beim **Schwabentor**, alle aus dem Osten und Süden kommenden Handelsstraßen trafen – die Salzstraße erinnert mit

ihrem Namen daran. Auf der Innenseite des Schwabentors (um 1200) ist seit dem 16. Jh. ein schwäbischer Salzkaufmann zu sehen, auf der Außenseite seit 1903 der Stadtpatron St. Georg. Die tiefen Keller der Häuser in diesem Gebiet stammen noch aus der Zeit der Stadtgründung. Hier steht auch Deutschlands vermutlich ältestes Gasthaus, das seit 1387 nachweislich bewirtschaftete **Zum Roten Bären** (Oberlinden 12).
Kurz hinter dem Schwabentor biegt rechts die mit Glyzinen überspannte **Konviktstraße** ab. Die beispielhaft sanierte Gasse mündet an ihrem Ende in die Schoferstraße mit rechts der **Münsterbauhütte** und links dem **Erzbischöflichen Ordinariat**, einem neuromanischen Gebäude (1903) mit reicher Steinornamentik und einem prachtvoll ausgemalten Treppenhaus. An der **Herrenstraße** stößt man auf den Hauptkanal der Bächle, das Gebäude der historischen Münsterbauhütte, heute ein

Souvenirladen, und die Rückseite des berühmten ❶ **Münsters** TOPZIEL. An Vormittagen kann man wählen, ob man rechts über den Bauernmarkt oder links über den Markt der Händler gehen möchte, um zum Münsterportal zu gelangen. Der Bau wurde 1200 begonnen und 1218 nach dem Aussterben der Zähringer von der Bürgerschaft weiterfinanziert. An die spätromanischen Ostteile schließen sich das gotische Langhaus und der filigrane Westturm (1330) mit seiner für die damalige Zeit sensationellen Architektur an. Zwischen 1354 und 1513 entstand der spätgotische Chor, mit dem der Münsterbau vollendet wurde. Dass dies ein Münster der Bürger war, kann man auch auf den farbigen Fenstern sehen, auf denen die Zünfte ihren Platz gefunden haben. Den Hochaltar gestaltete Hans Baldung Grien. Der Figurenzyklus in der Turmvorhalle zeigt Szenen aus dem Alten und Neuen Testament und die Darstellung der Freien Künste. Außerhalb der Halle finden sich an der Wand Brotmaße, die dokumentieren, wie lange hier schon ein Markt abgehalten wird.

Auf der Südseite des Münsters steht das **Historische Kaufhaus** (1532), mit seiner leuchtend roten Fassade eine der meistfotografierten Sehenswürdigkeiten Freiburgs. Hier mussten alle auswärtigen Kaufleute ihre Waren registrieren lassen, schließlich waren Zölle eine wichtige städtische Einnahmequelle. Die Erker an den Ecken mit den spitzen Helmen, gedeckt mit glasierten Ziegeln, sind aufwendig gestaltet. Die Wappen zeigen habsburgische Herrschaftsgebiete, die nahezu lebensgroßen Figuren Kaiser Maximilian I., König Philipp den Schönen, Kaiser Karl V. und Kaiser Ferdinand I. Von 1947 bis 1951 Sitz des Länderparlaments von Südbaden, ist das Kaufhaus heute Veranstaltungsort.

Unmittelbar benachbart, wurde das **Haus Zum schönen Eck** 1761 vom Rokoko-Maler, Bildhauer und Architekten Johann Christian Wentzinger (1710–1797) erbaut. Das für die damalige Zeit mit Malerei und Skulpturen ungewöhnlich reich geschmückte Haus ist heute Museum für Stadtgeschichte. Zu einer Pause lädt die **Alte Hauptwache** (1733), heute Haus der Badischen Weine mit (fast) ganzjährig geöffneter Terrasse. Die parallele **Schusterstraße** lässt bis heute erkennen, warum sie so heißt: Hier reihen sich die Schuhgeschäfte. Die ❹ **Kaiser-Joseph-Straße** – oder kurz „Kajo" – ist die Hauptachse der Fußgängerzone und war im Mittelalter der zentrale Markt. Ihre Arkaden entstanden aber erst nach 1945. Richtung Norden kommt man zum **Basler Hof** (Urspr. 15. Jh.), während der Reformationszeiten Exil für das Basler Domkapitel und heute Sitz des Regierungspräsidiums Freiburg. Die Schiffstraße verbindet mit dem neu gestalteten Stadtquartier **Unterlinden**.

Den Weg zum ❺ **Alten Rathaus** nimmt man am besten über die Franziskanergasse mit dem **Haus zum Walfisch** mit prächtigem spätgotischen Portalerker. Erasmus von Rotterdam, 1529 durch die Reformation aus Basel vertrieben, wohnte hier zwei Jahre. Das Alte Rathaus, 1557–1559 aus mehreren Häusern zu-

Jogger auf der Blauen Brücke (oben); Solarsiedlung im Vaubanviertel (o.r.); Aristoteles am Universitätsportal (u.r.)

sammengefügt, beherbergt die Tourist Information. Das **Neue Rathaus** etwas südl. war urspr. ein Doppelhaus aus der Renaissance. Gegenüber liegt das ehem. **Franziskanerkloster** (Urspr. 13. Jh.); das Brunnendenkmal (1855) auf dem Platz zeigt den Freiburger Franziskaner und Alchemisten Berthold Schwarz, der um 1360 das Schießpulver erfunden haben soll. Die Universitätsstraße führt direkt zu drei Kollegiengebäuden der geisteswissenschaftlichen Fächer.

Am Kreuzungspunkt von Bertold-, „Kajo" und Salzstraße steht der den Zähringern gewidmete **Bertholdsbrunnen** (1965), Dreh- und Angelpunkt aller Straßenbahnen in Freiburg. In Sichtweite erhebt sich das ❹ **Martinstor** (Urspr. 13. Jh.), das die Stadt nach Süden hin abgrenzte. Hinter dem Tor liegen linker Hand die **Gerberau** und **Fischerau**, alte Handwerkerviertel mit vielen Läden und Cafés. Über den **Augustinerplatz** oder den idyllischen **Adelhauser Platz** und die **Insel** kommt man zurück zum Schwabentor.

Museen

Das ansprechend gestaltete ❸ **Augustinermuseum** in einer ehem. Klosterkirche (14. und 18. Jh.) zeigt Oberrheinische Kunst vom Mittelalter bis zum 19. Jh. Im Mittelpunkt stehen Originalfiguren und Fenster vom Freiburger Münster (Augustinerplatz, www.museen.freiburg.de; Di.–So. 10.00–17.00 Uhr). In unmittelbarer Nachbarschaft liegt das **Naturmuseum** zu Erdgeschichte, Mineralien und biologischen Lebensräumen (Gerberau 32, www.museen.freiburg.de; Di.–So. 10.00–17.00 Uhr). Kunstwerke der vergangenen 100 Jahre sind im ❸ **Museum für Neue Kunst** zu sehen (Marienstr. 10a, www.museen.freiburg.de; Di.–So. 10.00–17.00 Uhr). Glanzstück des ❶ **Museums für Stadtgeschichte** ist ein Modell der Münsterbaustelle aus den Jahren um 1300 (Münsterstr. 30, www.museen.freiburg.de; Di. bis So. 10.00–17.00 Uhr). Die Alamannen-Schatzkammer im Untergeschoss des ❻ **Museums für Ur- und Frühgeschichte** im neugotischen Colombischlössle (1861) sollte man unbedingt besuchen (Rotteckring 5, www.museen.freiburg.de; Di.–So. 10.00–17.00 Uhr). Der Geschichte der Fastnacht von den mittelalterlichen Ursprüngen bis zu alemannischen Formen und den heutigen Freiburger Figuren ist

das ❼ **Fasnetmuseum** im Zunfthaus der Narren gewidmet (Turmstr. 14, www.breisgauer-narrenzunft.de; Sa. 10.00–14.00 Uhr).

Erleben

Musik spielt beim **Münstersommer** (www.muenstersommer.freiburg.de) dem **Zelt-Musik-Festival** (www.zmf.de) und dem **Ebneter KulturSommer** (www.ebneter-kultursommer.org) eine herausragende Rolle. Weinfreunde treffen sich beim **Weinfest** im Juli auf dem Münsterplatz. Das ❽ **Lorettobad** ist das einzige Freibad nur für Damen in Deutschland. Davon abgetrennt befindet sich ein Familienbad (Lorettostr. 51a; Mo.–Fr. 10.00–20.30, Sa. und So. 9.00–20.00 Uhr).

Einkaufen

Für den **Markt auf dem Münsterplatz** sollte man Zeit einplanen. Auf der Nordseite des Münsters bieten Bauern aus der Region Obst, Gemüse und eigene Erzeugnisse an. Mit einer roten Münsterwurst in der Hand kann man auf die Südseite schlendern, wo beispielsweise der Kräuterhof vom Kaiserstuhl seine Produkte anbietet. Kleine Läden und Werkstätten, Cafés und Restaurants sind in der **Konviktstraße**, in der **Gerberau** und der **Fischerau** zu finden. Die **Kaiser-Joseph-Straße** gleicht mit zahlreichen Filialisten vielen Hauptstraßen anderer Großstädte.

Hotels & Restaurants

Das € € € **Colombi** ist als Hotel und Restaurant erstes Haus am Platz. Landestypische Gerichte werden in gemütlichen Stuben serviert

Kräutergarten im Kloster

Husten, Schnupfen, Kopf- oder Rücken-
schmerz – gegen jedes Zipperlein ist
ein Kraut gewachsen. Welches, erfährt
man im Kräuter- und Bibelgarten des
Klosters St. Lioba – am besten bei einer
Führung der äußerst fachkundigen Be-
nediktinerinnen.

INFORMATION
9 Kloster St. Lioba,
Riedbergstr. 1, Freiburg-Günterstal
Tel. 0761 29 29 40 (Pforte)
www.kloster-st-lioba.de
Mo.–Fr. 10.00–12.00 und 14.30
bis 17.30, Sa. und So. 10.30 bis
12.00 und 14.00–17.00 Uhr

(Rotteckring 16, Tel. 0761 21 06 0, www.colombi.
de). Neben dem Münster in der Abendsonne
sein Viertele, eine frische Schwarzwaldforelle
oder ein Schäufele mit Kartoffelsalat zu genießen, das geht in € € **Oberkirchs Weinstuben**.
Im Winter zieht man sich mit einem guten Rot-
wein an den Kachelofen zurück. Und wenn es
spät wird, kann man dort auch übernachten
(Münsterplatz 22, Tel. 0761 202 68 68, www.
hotel-oberkirch.de). Polierte Holztische, hohes
Gewölbe und eine Karte, die in Erinnerungen
an Omas Kochkünste schwelgen lässt: € **Omas
Küche** im akademisch-ökologisch geprägten
Stadtteil Wiehre ist ein Platz für hungrige und
durstige Gäste, wo es sich gut sein lässt. Im
Sommer mit einer Terrasse unter schönen alten Kastanien (Hildastr. 66, Tel. 0761 7 86 86,
www.omas-kueche.de).

Umgebung

In einer guten halben Stunde sind die Freiburger auf ihrem Hausberg, dem **10** **Schauinsland** (1284 m), und damit mitten im Schwarzwald. Die kurvenreiche Straße auf den Gipfel
galt einst als eine der schönsten Bergrennstre-
cken Europas.
Den direkten Weg auf den Gipfel nimmt die
Schauinslandbahn. Bei der Eröffnung 1930
galt die Bahn als technische Sensation, da sie
weltweit die erste Seilbahn im Umlaufverfah-
ren war (Juli–Sept. tgl. 9.00–18.00, sonst tgl.
9.00–17.00 Uhr). Bei einer Technikführung kann
man hinter die Kulissen blicken (Anmeldung
Tel. 0761 4 51 17 77; Treffpunkt Wartehalle
Bergstation, So. 15.00 Uhr).
Das **Museumsbergwerk** macht deutlich,
weshalb die Einheimischen den Schauinsland
auch „Erzkasten" nennen, aus dem die Vorfah-
ren Silber, Blei und Zink herausholten (drei unterschiedlich lange Führungen. Juli und Aug.
tgl. 11.00–15.30, Mai, Juni, Sept. und Okt. Mi.,
Sa., So. und Fei. 11.00–15.30 Uhr).

Auf schneller Sohle

Warum die guten Gewohnheiten zu
Hause lassen, wenn man auf Reisen geht? Wer gerne
joggt, sollte auf alle Fälle die Sportschuhe mitnehmen, um Freiburg mit Fernando Schüber im Laufschritt zu erkunden. Acht Touren bietet der ehemalige
Marathonläufer an.

„Meistens muss ich die Gäste erst einmal ein bisschen bremsen,
wenn wir loslaufen", lacht Fernando Schüber. Schließlich soll jeder nach einer Stunde auch wieder entspannt beim Startpunkt ankommen. Das ist die
Zeit, die man für sieben der acht Touren braucht. Die Runde, die sich auf die
Altstadt beschränkt, dauert lediglich 30 Minuten. Aber die meisten joggenden
Freiburggäste wollen nach der Altstadtbesichtigung noch auf den Kanonen-
platz am Schlossberg, um den Blick zum Kaiserstuhl und nach Frankreich zu
genießen.

Da man laufend schneller vorankommt als gehend, kann
Fernando Schüber die Touristen zu Orten in Freiburg führen, an die sie
sonst nicht unbedingt kommen würden wie das Wasserschlössle im Stadtteil
Wiehre, zum rekultivierten Müllberg Monte Scherbelino, zu den „Aushänge-
schildern" der Green City oder entlang dem Hausflüsschen Dreisam. In der
Regel erzählt der ausgebildete Stadtführer beim Laufen das Wichtigste, auf
dem Münsterplatz oder beim Rathaus gibt es auch schon mal einen kurzen
Halt, um diese Sehenswürdigkeiten entsprechend würdigen zu können.

Weitere Informationen

Fernando Schüber/Freiburg Aktiv
Wentzingerstr. 15, 79106 Freiburg
Tel. 0761 202 34 26, www.freiburg-aktiv.de

Neben Sightrunning bietet Freiburg
aktiv auch Touren per Rad oder auch mit
dem Segway an.

*Eine sportliche Variante der Stadtbesichtigung: Nicht zu schnell, aber doch im
flotten Tempo erkunden die Jogger die Sehenswürdigkeiten von Freiburg.*

Ein Klima zum Wohlfühlen

Auf den Bergen des Schwarzwaldes liegt noch Schnee, aber im Markgräflerland und am Kaiserstuhl sitzt man schon längst auf der Sonnenterrasse bei Kaffee oder Wein. Das milde, fast mediterrane Klima in Deutschlands wärmster Region beeinflusst nicht nur das Wachstum von Reben und Spargel, sondern auch das Lebensgefühl der Menschen. Kein Wunder, dass sich die Römer hier gern niederließen.

Mit der 1954 errichteten Ölbergkapelle bei Ehrenkirchen wird der Kriegstoten gedacht.

Burkheim gehört zu den ältesten Weinbaugemeinden am Kaiserstuhl.

Der Kaiserstuhl war vor der Schaffung landschaftsverändernder Großterrassen in den 1970er-Jahren für seine vielen Hohlwege bekannt: Eichgasse bei Bickensohl.

Am Nordwesthang des Kaiserstuhls liegen die Weinberge von Jechtingen.

Ein großer Stuhl weist weithin sichtbar auf die Lage „Leiselheimer Gestühl" hin. Leiselheim liegt im nördlichen Kaiserstuhl.

Durch die Burgundische Pforte kommt die Luft des Mittelmeers über das Rhônetal hinauf ins Markgräflerland und an den Kaiserstuhl. Im Sommer kann es hier deshalb so richtig heiß werden. In fast mediterranem Klima leben die Menschen in Ihringen, im Süden des Kaiserstuhls. Das Dorf ist immer wieder als wärmster Ort Deutschlands in den Meldungen mit einer jährlichen Durchschnittstemperatur von mehr als 11 Grad. Bis zu zwei Wochen sind die Ihringer Trauben dank Vulkangestein, mildem Klima und vielen, vielen Sonnenstunden gegenüber dem Norden des Kaiserstuhls im Vorteil.

Nach dem römisch-deutschen Herrscher Otto III. – 994 hatte er in Sasbach einen Gerichtstag abgehalten – soll der Kaiserstuhl benannt sein.

Insel im Oberrheingraben

Wie eine Insel liegt der Kaiserstuhl im Rheintal, zwischen den Höhen des Schwarzwalds und der Vogesen. Als sich der Oberrheingraben vor Millionen Jahren absenkte, blieb der ältere östliche Teil des Kaiserstuhls stehen. Den westlichen Teil ergänzten vulkanische Aktivitäten. Vermutlich war das rund 560 Meter hohe Mittelgebirge einst deutlich höher. Die Stürme der Eiszeit haben nicht nur Gestein abgetragen, sondern dem Kaiserstuhl auch eine neue Schicht zugetragen. Überaus fruchtbarer Löss, also Staub aus der Gesteinsverwitterung der Randgebirge, wurde angeweht und sammelte sich in windabgewandten Lagen bis zu einer Höhe von eindrucksvollen 60 Metern.

Diese erdgeschichtlichen Besonderheiten machen den Kaiserstuhl zu einem Paradies für Wissenschaftler, aber

Seit dem 12. Jahrhundert krönt die im Dreißigjährigen Krieg zerstörte Burg den Staufener Schlossberg.

Vor der Rheinregulierung brandete der Fluss an Breisachs Münsterberg. Tief unterm Münsterberg reifen die Schaumweine der Privatsektkellerei Geldermann.

Der Marktbrunnen am Rathaus bildet das Zentrum der Staufener Altstadt.

Aus Lindenholz wurde der spätgotische Altar des Breisacher Münsters geschnitzt.

Europa-Park Rust

Special

Loopings über Europa

Für 3,5 Minuten Nervenkitzel eine Stunde und mehr warten? Für Freunde der schnellen Bahnen im Europa-Park ist das kein Problem.
Wodan, Silver Star, Blue Fire oder Euro-Mir – alles nichts für schwache Nerven in Deutschlands größtem Freizeitpark in Rust. Doch unter den rund 100 Attraktionen und Shows ist auch vieles, was weniger Wagemutige begeistert. Das Programm kann man sich vor der Anreise im Internet zusammenstellen, so dass die Zeit optimal ausgenutzt ist, denn schließlich kostet ein solcher Besuch durchaus eine Kleinigkeit. Allerdings sind mit dem Eintritt auch sämtliche Fahrgeschäfte bezahlt.

Die Ursprünge des Parks liegen Ende des 18. Jahrhunderts in Waldkirch, wo die Familie Mack Wagen baute, später Basis von Karussellwagen, Achter- und Geisterbahnen der findigen Schwarzwälder. Die Idee, einen Freizeitpark zu bauen, brachten

Silver Star: Mit 130 km/h unterwegs

Franz Mack und sein Sohn Roland 1972 von einer USA-Reise mit. 1975 eröffneten sie den Europa-Park, der im ersten Jahr 250000 Besucher anzog – 2014 waren es über 5 Millionen. 90 Prozent der Gäste kommen nicht das erste Mal in den Freizeitpark, und immer mehr nutzen eines der fünf Themenhotels für einen längeren Aufenthalt. So wird der Bummel durch die 13 Länderareale zu einem europäischen Kurzurlaub.

auch für den ganz normalen Urlauber. Was es hier alles bei einer Wanderung zu entdecken gibt, ist so vielfältig, dass es gleich acht Themenwege durch den Kaiserstuhl gibt, ohne die zahlreichen Pfade zu den lokalen Besonderheiten. So führt der 16 Kilometer lange Bienenfresserpfad längs durch den Kaiserstuhl von Königsschaffhausen nach Ihringen oder umgekehrt. Am besten geht man ihn, wenn es heiß ist, denn dann zeigen sich die Bienenfresser mit Vorliebe. Diese papageibunten Vögel, die ursprünglich in Südeuropa beheimatet waren, zieht es im Winter zwar immer noch in den Süden der Sahara, aber seit 20 Jahren suchen sie regelmäßig Brutgebiete am Kaiserstuhl und Tuniberg auf. Mit ihrem Schnabel hacken die Koloniebrüter Nisthöhlen in den lockeren Löss, in dem oftmals gleich nebenan ihre Lieblingsnahrung, nämlich Bienen, Wespen und andere größere Insekten, zu finden ist.

Seit jeher Kulturlandschaft
Der Kaiserstuhl war früh besiedelt, und wegen der sonnenverwöhnten Lage versuchten es schon die Römer mit dem Weinanbau. Heute findet man vom Landwein bis zum Spitzentropfen alle Qualitätsstufen in der Region, vor allem aber Blauen Spätburgunder, gefolgt vom Grauen Burgunder. Rebsorten, die auch

Bürgeln, beliebt auch als Hochzeitsschloss, ist eine gastliche Stätte hoch über dem Rheintal.

Wem nach den zierlichen Kirschblüten der Sinn nach robustem Mauerwerk und Weitblick steht, ist auf der Burg Rötteln in Lörrach richtig.

Ein alljährlicher Traum in Zartweiß ist die Kirschblüte des Eggener Tals.

Im Markgräflerland reihen sich Zeugen aus 2000 Jahren ereignisreicher Geschichte.

Jüngster Zuwachs auf dem Campus des für modernes Design weltbekannten Möbelherstellers Vitra in Weil am Rhein ist das VitraHaus, wo es Klassiker und modernste Entwürfe zu sehen gibt.

Das Vitra Design Museum gehört zu den herausragenden Ausstellungsorten dieser Art. Es wird die Geschichte des Designs präsentiert und sein Einfluss auf Architektur, Kunst und Alltagskultur dargestellt.

Im VitraHaus kann der eigene Geschmack wunderbar
auf die Probe gestellt werden.

Der Name Vitra steht
seit Jahrzehnten für
nachhaltige Qualität und
kreative Funktionalität.

im Markgräflerland gut wachsen. Allerdings reift dort vor allem eine Traube, die in Deutschland sehr selten ist: der Gutedel. Markgraf Karl Friedrich von Baden hat diese 1780 eingeführt.

Zur etwa gleichen Zeit stießen die Markgräfler auf ein anderes Erbe der Römer: die Badekultur. Heiße und kalte Bäder, Duschen, Schwitzräume, Massagen, Gymnastikräume und Plätze zum Ausruhen – die Römer schätzen bereits ein umfassendes Wellnessprogramm, dem man in der römischen Badruine in Badenweiler nachspüren kann. Für die praktische Ausübung römischen Badelebens verbunden mit den Wohlfühlangeboten der Moderne muss man in die Cassiopeia-Therme gehen. Sie ist das Zentrum des Badeortes, der nie so mondän war wie Baden-Baden, aber viele Künstler anzog. Zu den Literaturtagen im Herbst finden sich auch heute noch die großen Namen der Szene ein.

Risse in Staufen

Eine Figur, die Schriftsteller bis hin zu Goethe immer wieder faszinierte, ist die des Doktor Faustus. In Staufen soll er seine alchemistischen Experimente betrieben haben, weil die Burgherren Gold nicht mühsam suchen, sondern herstellen wollten. Vermutlich ist der Magier und Gelehrte dabei in die Luft geflogen oder er wurde 1539 eben von Mephistopheles geholt, wie es die Sage will.

Das „Gasthaus Löwen", in dem Faust gewohnt haben soll, blieb damals stehen. Heute zieht sich ein Riss über die Fassade. Und nicht nur beim „Löwen". An zahlreichen Gebäuden der Innenstadt klaffen Risse. Sie sind Folge von Bohrungen, die bis zu 140 Meter in die Tiefe reichen, um Erdwärme zu nutzen. Womit niemand gerechnet hat: Wegen baulicher Mängel trat Grundwasser in darüber liegende Gipsschichten ein und hat eine unterirdische Quellung ausgelöst. Die Stadt wurde zeitweise um einen Zentimeter pro Monat angehoben und wird noch weiter in die Höhe gehen, wenn auch das Ende der „Bergfahrt" absehbar zu sein scheint.

Architektur der Spitzenklasse

Alle, die sich für Architektur und Design interessieren, zieht es zum Möbelhersteller Vitra in Weil am Rhein. Das Vitra Design Museum war das erste Gebäude des amerikanischen Architekten Frank O. Gehry in Europa. Die aktuelle Produktion von Design-Klassikern und -Neuheiten werden in einem spektakulären Bau der Schweizer Architekten Herzog & Meuron präsentiert – schöner kann ein Streifzug durch die Welt der Design-Möbel nicht sein.

WEINBAU

Mit Leidenschaft am Werk

Wer beim Wein nur zweierlei kennt –Rot oder Weiß –, der sollte unbedingt ein paar Tage am Kaiserstuhl, Tuniberg oder im Markgräflerland verbringen. Hinter Rot und Weiß erwarten ihn viele weitere wunderbare Tropfen. Und die können auch noch Weinkenner überraschen.

Lange Zeit konnte das Weinland Baden bei den Rotweinen nicht ganz so hoch punkten wie bei den Weißen, obwohl die Bedingungen für die Spätburgundertraube gerade am Kaiserstuhl und im Markgräflerland hervorragend sind. Deutsche Rotweinfreunde süffelten einfach lieber französische Tropfen. Die junge Winzergeneration scheint allerdings nun mehr und mehr den Geschmack der Kunden zu treffen, aber auch den der Preisrichter bei den großen Weinverkostungen. Der Ruf des badischen Spätburgunders hat sich enorm verbessert.

Qualität ist das Leitmotiv der Winzer im drittgrößten deutschen Weinanbaugebiet. Deshalb gehört Baden als einzige deutsche Weinbauregion zur Weinbauzone B der Europäischen Union. Die Winzer haben sich verpflichtet, die besonders hohe Anforderung an Qualität und Verarbeitung der Trauben zu erfüllen. Und das nicht nur auf dem Papier. Wer einmal einem Winzer zugehört hat, der von seinen Weinen, seinen Reben, von Korken und Fässern erzählt, der weiß, welche Leidenschaft für den Wein die Menschen in dieser Region umtreibt. Nur deshalb können die Winzer Rückschläge in der Ernte durch Hagel oder Frost verkraften, können sie bei Eiseskälte im Weinberg arbeiten. Neben der Begeisterung brauchen sie aber auch Geduld

und Fingerspitzengefühl. Am Ende schmeckt der Weinfreund, ob jemand das richtige Händchen hatte.

Qualität war schon ein Leitmotiv für Markgraf Karl Friedrich von Baden, der im 18. Jahrhundert die sortenreine Bepflanzung einer Rebfläche einführte. Zutaten, um den Wein zu schönen, wurden kurzerhand verboten. Und als er 1783 noch die Leibeigenschaft in Baden aufhob, blühte die Weinwirtschaft auf, denn nun waren die Winzer von vielen erdrückenden Abgaben befreit. Zum Verkaufsschlager wurde ein Wein, dessen Rebe der Markgraf vom Genfer See mitgebracht hatte. Der Gutedel fand im Markgräflerland Temperaturen und Böden, die der empfindlichen Traube entsprechen.

Ein Wein macht Karriere

Lange war der Gutedel der Schankwein schlechthin. Das typische Gutedelglas ist zwar dünnwandig und mit Reben und Trauben in feinem Schliff verziert, aber es ist eben ein Becher- und kein elegantes Stielglas. In den vergangenen Jahren haben allerdings immer mehr Winzer Ehrgeiz beim Gutedel entwickelt. Elegante Weine mit selten mehr als elf Volumenprozent Alkohol sind dabei herausgekommen, die spritzig und süffig sind und in ihrem Aroma die Nuss- und Mandelbäume vom Rand des Weinbergs mitbringen.

Fässer im Burkheimer Weingut Bercher (oben). Weinlese ist auch auf Gut Gehrihof in Heuweiler bei Denzlingen noch weitgehend Handarbeit – auch für Winzer Ulrich Strecker (unten und S. 64).

Flurbereinigt und damit leichter zu bearbeiten: Weinberge bei Durbach

Informationen

Das **Markgräfler Wiiwegli** führt in vier Tagesetappen von Freiburg/St. Georgen nach Staufen (25 km), Sulzburg und Müllheim (19 km), Schliengen, Bad Bellingen und Blansingen (19 km) bis nach Weil am Rhein (21 km) www.wii-wegli.de
Winzer und Weinfeste: www.badischerwein.de
Korkenzieher-Museum: Vogtsburg-Burkheim Mittelstadt 18, www.korkenzieher.de April–Dez. Mi.–Sa. 11.00–18.00 Uhr
Weinetiketten ab 1811: Museum im Weingut Dr. Schneider, Müllheim-Zunzingen, Rosenbergstr. 10, www.weingut-dr-schneider.de; Mo.–Sa. 14.00–18.00 Uhr

Eine Landschaft zum Schwelgen

Zwischen Schwarzwald und Vogesen scheint die Sonne intensiver als anderswo in Deutschland. Dieses mittelmeerähnliche Klima hat eine Genussregion entstehen lassen, in der nicht nur Trauben und Spargel wachsen: den Kaiserstuhl und das Markgräfler Land.

❶ Kaiserstuhl

Der Gebirgsstock, bekannt für Wein- und Obstanbau, ragt am Totenkopf 557 m auf.

SEHENSWERT

Schmucke Dörfer, sehr gute Weine und eine eindrucksvolle Küche machen den Besuch des **Kaiserstuhls** TOPZIEL lohnend.
Endingens Altstadt wird von der vorderösterreichischen Vergangenheit geprägt, die Häuser sind im Stil des Rokoko und Barock erbaut. Die Altstadt **Burkheims** steht unter Denkmalschutz. Kopfsteinpflaster, ein barockes Stadttor und das Rathaus im Renaissancestil erinnern an alte Zeiten in einer der ältesten Weinbaugemeinden (778 erwähnt), vor allem wenn man an einer Nachtwächterführung teilnimmt. Bedeutend ist in **Niederrotweil** die Wehrkirche St. Michael (Urspr. wohl 8. Jh.) mit einem Schnitzaltar des Meisters HL, der auch den Altar im Breisacher Münster schuf (Ostern–Okt. 14.00–17.00 Uhr). Bei **Bickensohl** liegen die berühmten Lößhohlwege, erwanderbar ab der Winzergenossenschaft Bickensohl. In **Ihringen** erklärt das Naturzentrum Kaiserstuhl die geologischen, kulturgeschichtlichen und Natur-Besonderheiten der Region (Bachenstr. 42, www.naturzentrum-kaiserstuhl.de; März–Juli, Sept., Okt. Mo. und Do. 10.00 bis 12.00, Sa. 15.00–17.00 Uhr).

UMGEBUNG

20 km nördl. ist der **Europa-Park** TOPZIEL in Rust zu finden mit seinen zahlreichen Freizeitattraktionen (s. auch Special S. 59; Europa-Park-Str. 2, www.europapark.de; Ende März bis Anf. Nov. tgl. ab 9.00 bis mind. 20.00, Nov. bis Anf. Jan. 11.00 bis mind. 19.00 Uhr).

INFORMATION

Kaiserstühler Verkehrsbüro
Adelshof 20, 79346 Endingen
Tel. 07642 68 99 90, www.endingen.de

Touristik-Information
Bahnhofstr. 20
79235 Vogtsburg-Oberrotweil
Tel. 07662 9 40 11
www.vogtsburg-im-kaiserstuhl.de

Erstaunliche Baumriesen wachsen im Arboretum Liliental (oben). Blick auf Bickensohl am Kaiserstuhl (o. r.); Kandertalbahn unter Dampf

❷ Breisach

Seit der Steinzeit siedelten Menschen hier am Rhein. Von den unterschiedlichsten Herren sehr begehrt, wurde die Stadt (14 500 Einw.) immer wieder zerstört, im Zweiten Weltkrieg zu 85 %. Wahrscheinlich sprachen sich die Breisacher 1950 deshalb so entschieden dafür aus, Europastadt zu werden.

SEHENSWERT

Zwischen 1523 und 1526 schuf der Meister H.L. den Schnitzaltar des **Breisacher St.-Stephans-Münsters** (Urspr. 12. Jh.). Das Jüngste Gericht auf der Westwand malte Martin Schongauer bis 1491 (tgl. 9.00–18.00 Uhr). Nicht verpassen: einen Besuch in der **Privatsektkellerei Geldermann** (s. Favoriten S. 20).

INFORMATION

Breisach-Touristik
Marktplatz 16, 79206 Breisach
Tel. 07667 94 01 55
www.breisach.de

❸ Sulzburg

Sulzburg (2800 Einw.) ist eine mittelalterlich geprägte Stadt und liegt sehr schön zwischen Schwarzwald und Rheintal.

SEHENSWERT

Eingebettet in Wohnhäuser liegt die ehem. **Synagoge** (1822), im 19. Jh. Zentrum einer großen jüdischen Gemeinde. Sie wurde in der Reichspogromnacht 1938 innen verwüstet, aber nicht niedergebrannt, weil die Bebauung hier sehr dicht ist (Gustav-Weil-Str. 20, jeweils 1. und letzter So. im Monat 16.00–18.00 Uhr). Der jüdische **Friedhof** besteht seit Mitte des 16. Jh. (Badstr.). Die ottonische Kirche des ehem. Benediktinerinnenklosters **St. Cyriak** ist eine der ältesten Deutschlands (933 erwähnt); sie fasziniert durch ihre Schlichtheit (Klosterplatz, www.sankt-cyriak.de; tgl. 8.00 bis 18.30 Uhr, im Winter kürzer).

MUSEEN

In der ehem. Stadtkirche ist das **Landesberg-baumuseum** untergebracht und zeigt Handwerksgerät der Bergleute seit dem Mittelalter (Hauptstr. 56; Di.–So. 14.00–17.00 Uhr).

UMGEBUNG

Überragt wird **Staufen** vom Schlossberg mit dem 1248 erwähnten ehem. Sitz der Freiherren von Staufen – seit der Zerstörung im Dreißigjährigen Krieg (1633) eine Ruine mit bester Fernsicht. Die Altstadt steht unter Denkmalschutz. Eine Hafner-Werkstatt von 1898 kann im Keramikmuseum besichtigt werden (Wettelbrunner Str. 3, www.keramikmuseum-staufen. de; Febr.–Nov. Mi.–Sa. 14.00–17.00, So. 11.00 bis 13.00 und 14.00–17.00 Uhr). Der Geschichte Staufens ist das Stadtmuseum im Rathaus gewidmet (Hauptstr. 53; Mo. 8.00–12.00 und 14.00 bis 18.00, Di.–Fr. 8.00–12.00, So. 15.00 bis 18.00 Uhr, sonst kürzer). Mehr als 500 Puppen aus der Zeit von 1750 bis 1950 und Puppenstuben sind im Museum „Kleine Welt" zu sehen (Hauptstr. 25, www.puppenmuseum-staufen. de; Di.–So. 11.00–18.00 Uhr). Die Schätze der Region vergeistigt die Alte Schwarzwälder Hausbrennerei Schladerer zu edlen Tropfen. Das kann man auch schmecken (Alfred-Schladerer-Platz 1, www.schladerer.de; April–Okt. Mi. 14.00 Uhr, nur nach Vorannmeldung unter Tel. 07633 8 32 57).

Der Kurort **Bad Krozingen** ist für seine Herzkliniken und das Thermalbad bekannt (Vita Classica, Herbert-Hellmann-Allee 12, www. vita- classica.de; Mo.–So. 8.30–23.00 Uhr).

INFORMATION

Tourist-Information, Landesbergbau-museum, Hauptstr. 56, 79295 Sulzburg
Tel. 07634 56 00 40, www.sulzburg.de

Tipp

Wegweiser zur Strauße

In der Strauße schmeckt es eigentlich immer. Bauernwürste mit Kartoffelsalat, Flammkuchen aus dem Holzofen, Wurstsalat, Bratkartoffeln oder Bibliskäs' – bodenständige Küche servieren diese Gasthäusern auf Zeit und dazu hauseigene Weine. Da sie nur für 16 Wochen im Jahr öffnen, braucht man einen Strauße-Führer, um zu wissen, was es wann wo zu essen gibt. Diesen bekommt man in örtlichen Buchhandlungen oder im Internet. Die Badische Zeitung bietet eine kostenpflichtige Strauße-App. Und wenn man vor Ort einen bunt geschmückten Besen sieht, weiß man, man ist angekommen.

www.straussen-kalender.de
App: www.bz-straussenfuehrer.de

Burg Rötteln bei Lörrach (oben); Badenweiler: die moderne Balinea-Therme (o.r.) und die römischen Badruine (unten)

④ Müllheim

Das geografische Zentrum (19 000 Einw.) des Markgräflerlandes ist nach den einst sieben Mühlen am Klemmbach benannt, in denen Getreide und Öl gemahlen wurde. In Müllheim sind 1700 Soldaten der deutsch-französischen Brigade stationiert.

SEHENSWERT

Im Zentrum stehen am Markgräfler Platz das historisierende **Alte Rathaus** mit Uhrentürmchen (1867), das barocke ehem. **Amtshaus** (1729) und die **Martinskirche** (Urspr. 14. Jh.).

MUSEEN

Geologie, Archäologie, aber auch die Geschichte des Markgräflerlandes sind Themen im **Markgräfler Museum** im Blankenhornpalais. Die Beletage vermittelt einen Eindruck, wie großzügig ein wohlsituierter Weingutbesitzer im 18. und 19. Jh. gelebt hat (Wilhelmstr. 7, www.markgraefler-museum.de; Di. bis So. 14.00–18.00 Uhr). Von den Mühlen ist die **Frickmühle** aus dem 14. Jh. am besten erhalten, heute ein Mühlenmuseum (Gerbergasse 74; April–Okt. 1. Sa. und 3. So. im Monat 15.00 bis 17.00 Uhr).

INFORMATION

Tourist Information, Wilhelmstr. 14
79379 Müllheim, Tel. 07631 80 15 00
www.muellheim-touristik.de

⑤ Badenweiler

Bekannt ist Badenweiler (4000 Einw.) für seine Therme und die einzigartige römische Bauruine. Überragt wird der Traditionskurort von der Burgruine Baden inmitten des Kurparks mit herrlicher Aussicht über die Rheinebene.

SEHENSWERT

Im Kurpark liegt die **Burg Baden**, 1122 erwähnt (1678 zerstört) und zum Schutz des Zähringer Silberbergbaus errichtet.

MUSEEN

1784 wurde die **römische Badruine** TOPZIEL neben der Cassiopeia Therme beim Kurpackeingang freigelegt. Sie war vom 1. bis 3. Jh. Zentrum der römischen Siedlung und ist dank eines alles überspannenden Glasdachs bei jedem Wetter zu besuchen (April–Okt. tgl. 10.00–18.00 Uhr, sonst kürzer). Als Pionier des modernen Dramas gilt Anton Tschechow (1860–1904), der in Badenweiler starb; ihm und anderen Schriftstellern ist das **Literaturmuseum Tschechow-Salon** gewidmet (Ernst-Eisenlohr-Str. 4, tgl. 10.00–17.00 Uhr).

ERLEBEN

Im **Park der Sinne** können alle Generationen nach Herzenslust experimentieren, riechen, mit Händen und Füßen fühlen und „Fernsehen" neu erleben (Parkplatz Ernst-Eisenlohr- Straße 27, dann noch kleiner Fußweg zum Park).

UMGEBUNG

Zigtausende Kirschbäume, meist von Hand geerntet, säumen das **Eggener Tal** zwischen Schliengen und dem Blauen (ab Mitte Feb., Blütentelefon 07635 8 24 96 49). Hoch über dem Tal liegt **Schloss Bürgeln**. Das Rokokoschloss mit Panoramablick ins Rheintal und auf die Vogesen, an klaren Tagen bis in die Schweizer Alpen, wurde 1762 als Propstei des Klosters St. Blasien errichtet (www.schlossbuergeln.de; Besichtigungen bei Führungen März–Okt. tgl. 11.00, 14.00, 15.00, 16.00 und 17.00, sonst Fr., Sa. und So. 14.00, 15.00 und 16.00 Uhr). Ein hoher Mineralsalz- und Kohlensäuregehalt zeichnet das Thermalwasser in **Bad Bellingen** aus. In den Balinea Thermen kann jeder die Wirkung am eigenen Körper spüren (Badstr. 14, www.bad-bellingen.de/ Balinea-Thermen; tgl. 9.00–22.00 Uhr). **Kandern** ist bekannt für seine Töpferwaren für den Alltag und in der Kunst. August Macke (1887–1914) töpferte hier in seiner nach Bonn zweiten Heimat. Gebrauchs- und Kunstkeramik zeigt das Heimat- und Keramikmuseum (Ziegelstr. 30; April–Okt. Mi. 15.00–17.30, So. 10.00 bis 12.30 und 14.00–16.00 Uhr). 45 Min. dauert die

Fahrt mit der Kandertalbahn von Kandern nach Haltingen; die Museumsbahn fährt unter Dampf (www.kandertalbahn.de; Anf. Mai–Mitte Okt. So.).

INFORMATION
Tourist-Information, Schlossplatz 2
79410 Badenweiler, Tel. 07 63 2 79 93 00
www.badenweiler.de

❻ Lörrach

Die Kreisstadt (48 000 Einw.) hat in kurzer Zeit den Wechsel vom Textilstandort zum Dienstleistungs- und Kulturzentrum in der RegioTriRhena geschafft, zu der seit 2003 Südbaden, die Nordwestschweiz und das südliche Elsass gehören (www.tourismtrirhena.com).

SEHENSWERT
Die **Burgruine Rötteln** über dem Stadtteil Haagen ist eine der größten Burgruinen Badens. Über eine Zugbrücke gelangt man von der Vor- in die Oberburg. Von dort herrlicher Blick über Lörrach, das Wiesental und die Schweizer Alpen (www.burgruine-roetteln.de; Mitte März–Mitte Nov. tgl. 10.00–18.00, sonst Sa., So., Fei. 11.00–16.00 Uhr).

MUSEEN
Das **Dreiländermuseum** zeigt Exponate zur Kulturgeschichte der Region und blickt auf Gemeinsamkeiten und Unterschiede der drei Nachbarländer Deutschland, Frankreich und Schweiz (Basler Str. 143, www.dreilaendermuseum.eu; Mi.–Sa. 14.00–17.00, So. 11.00 bis 17.00 Uhr).

UMGEBUNG
Der 300 Jahre alte Schneiderhof in **Steinen** (südöstl.) wurde zum Bauernhausmuseum (Am Schneiderhof 6, www.bauernhausmuseum-schneiderhof.de; Ostern–Nov. Mi., Sa. 15.00 bis 17.00, So., Fei. 13.00–17.00 Uhr). Das Vogelkundehaus im Vogelpark Steinen informiert über die heimische Vogelwelt. Adler, Falke und Eulen fliegen bei den Greifvogelvorführungen (Steinen-Hofen, www.vogelpark-steinen.de; Ende März bis Okt. tgl. 10.00–17.00 Uhr, Juli bis Sept. länger). Die Dreiländerbrücke über den Rhein bei **Weil am Rhein** ist mit einer Stützweite von rund 230 m und einer Länge von 248 m die längste freitragende Fußgänger- und Radfahrerbrücke weltweit. Möbelhersteller Vitra stellt in zwei Häusern aus, die von Stararchitekten geplant wurden. Mehr dazu auf S. 63 (www.design-museum.de; Architekturführungen tgl. 11.00, 13.00, 15.00 Uhr). Das Vitra Design Museum zeigt jährlich zwei Wechselausstellungen sowie die aktuelle Produktion von Design-Klassikern und -Neuheiten (Ray-Eames-Str. 1, Weil am Rhein, www.vitra.com; tgl. 10.00–18.00 Uhr).

INFORMATION
Tourist-Information, Basler Str. 70
79539 Lörrach, Tel. 07621 41 51 20
www.loerrach.de

Genießen   Erleben   Erfahren

DuMont Aktiv

Prachtvolle Naturschönheiten

Sie sind die Stars im Blumenladen: Wenn man sich gut behandelt, zeigen sie üppige Blüten. Wild gewachsen am Wegesrand und an sonnigen Hängen, entfalten Orchideen am Kaiserstuhl ihre natürliche Schönheit.

Im Frühjahr sollte man bei Wanderungen am Kaiserstuhl seine Augen auch Richtung Boden lenken – zu den schönen Blüten der wilden Orchideen. Besonders üppig entfalten sie ihre Pracht im Liliental bei Ihringen. Zwanzig Arten haben Botaniker dort entdeckt, darunter Hundswurz, Knabenkraut, Bocksriemenzunge, Frauenschuh und Ragwurz. Seit das Liliental 1957 zum forstwirtschaftlichen Versuchsgelände wurde, lassen sich vor allem auf sonnengewärmtem Trockenrasen immer neue Arten nieder. Zudem wachsen hier Mammutbäume und 350 weitere Baumarten in einem Arboretum.

Drei Rundwege beginnen beim „Gasthaus Lilienhof". Wer etwas mehr vom Kaiserstuhl sehen will, bricht in Ihringen an der Kaiserstuhlhalle auf und begibt sich auf den Neunlindenpfad, einen der Themenwege, die das kleine Gebirge durchziehen.
Eine typische Lösshohlgasse führt auf den Lenzenberg, den südlichsten Aussichtspunkt des Kaiserstuhls. Von dort geht es weiter Richtung Neunlindenturm, wo man unterhalb ins Liliental abbiegt. Von nun an nimmt man den Knabenkrautpfad Richtung Himmelburg und Martinshöfe. Nach einer Einkehr im „Lilienhof" geht es beim unteren Weiher ins Mühlental und entlang dem Schmerberg zurück zur Kaiserstuhlhalle.

Weitere Informationen

Einkehr: Wandergaststätte „Zur Lilie" (Abfahrt von der L 114 auf halber Strecke zwischen Ihringen und Wasenweiler) Mi.–Mo. 11.00–18.00 Uhr

Am Lilienhof, Tel. 07668 9 95 63 93
www.lilie-liliental.de
Die **Lehrpfade** im Liliental sind 2, 3 km und 5,5 km lang (www.kaiserstuhl.net).

Wilde Orchideen blühen im Kaiserstuhl besonders reichlich im Liliental bei Ihringen. Um sie zu entdecken, muss man mitunter genau hinschauen. Hauptblüte ist im Frühling.

Auf der Höhe der Zeit

Kuckucksuhr, Schwarzwälder Kirschtorte, Bollenhut – solche Klischees lassen eine verstaubte Gegend erwarten. Doch weit gefehlt. Nicht nur die Kuckucksuhren sind bunter geworden, der Hochschwarzwald ist auch sonst auf der Höhe der Zeit: Elektromobilität, Kochkunst mit regionalen Produkten, Sportangebote im Einklang mit der Natur – rund um den „Höchsten" setzt man auf Nachhaltigkeit.

Weit reicht der Blick vom Feldberggipfel. Im Vordergrund das Kleine Wiesental.

Der Feldsee ist der größte Karsee des Schwarzwalds und zählt zu den herausragenden Naturschönheiten der Region. Er ist Ziel mancher Wanderung.

Der Titisee verlockt zum Bootsausflug. Wer mag, paddelt auch selbst.

Idyllisch gelegen und sehr beliebt: der „Raimartihof" in Feldseenähe.

Der Feldsee ist als trogförmiger Karsee des ehemaligen Feldberggletschers
ein Überbleibsel der Eiszeit.

„Diese erhabenen Wälder und die Empfindungen, die sie einem einflößen, lassen sich letztlich nicht beschreiben. Eine dieser Empfindungen jedoch ist eine tiefe Zufriedenheit …"

Mark Twain über den Schwarzwald, 1878

Der Schwarzwaldtourismus boomt wieder. Von Jahr zu Jahr steigt die Zahl der Gäste aus dem In- und Ausland. Sie bringen ihr Mountainbike mit oder ihre Wanderausrüstung, sie leihen sich ein E-Bike oder tummeln sich im Winter auf Skiern, Snowboards oder Schlitten. Das in früheren Zeiten so geschätzte „Autowandern" von der mittäglichen Schwarzwaldforelle über die nachmittägliche Schwarzwälder Kirschtorte zum abendlichen Vesper mit Schwarzwälder Schinken ist längst passé. Die typischen Spezialitäten kommen zwar nach wie vor auf den Tisch, aber auf dem Weg zu ihnen lassen sich die heutigen Schwarzwaldtouristen frischen Wind um die Nase wehen und beschränken sich nicht darauf, die Fensterscheibe ihres Autos herunterzulassen.

Nachhaltigkeit prägt heute den Tourismus im Schwarzwald. Das bedeutet Konzentration auf regenerative Energien, die Verarbeitung regionaler Produkte sowie die Nutzung des öffentlichen Personennahverkehrs. Bei rund 10 000 Gastgebern bekommen Urlauber bei ihrer Ankunft die Konus-Gästekarte, mit der sie im Schwarzwald kostenlos Bus und Bahn fahren können. Dieses Konzept hat die Deutsche Bahn in Zusammenarbeit mit dem Bund für Umwelt und Naturschutz, dem Naturschutzbund NABU und dem Verkehrsclub Deutschland dazu bewogen, den Schwarzwald zum „Fahrtziel Natur" zu erklären – inklusive günstiger Angebote für die Anreise.

Imposante Bahnstrecken

Schwarzwaldtourismus und Bahn waren schon immer eng verbunden. Nicht nur, dass die weltberühmte Kuckucksuhr einem Bahnwärterhäuschen ähnelt, ohne Bahn hätte es Ende des 19. Jahrhunderts keinen Tourismus im Schwarzwald gegeben. 1873 fuhr erstmals die Schwarzwaldbahn von Offenburg nach Singen. Seit 1887 bringt die Höllentalbahn Urlauber von Freiburg an den Titisee. Die Strecke übers Himmelreich durchs Höllental zählt mit neun Tunneln und dem 222 Meter langen Viadukt über die Ravennaschlucht zu den schönsten Bahnstrecken Deutschlands.

Mit dem Anschluss ans Schienennetz war es mit der Ruhe auf den einsam gelegenen Gehöften des Hochschwarzwaldes vorbei. Gasthäuser, Pensionen und Hotels wurden gebaut, immer mehr Menschen siedelten sich in der einst entlegenen Waldgegend an, denn mit den Touristen kamen auch Arbeit und ein gewisser Wohlstand in die Region. Wer heute an einem schönen Sommertag am Titisee steht, kann nur noch erahnen, wie ruhig es dort vor 150 Jahren war. Für

Die Thurnerspur bei St. Märgen gehört zu den bekanntesten und beliebtesten Langlaufloipen im Südschwarzwald.
Sie führt durch meist stille Wälder, über schöne Höhen und vorbei an verschneiten Schwarzwaldhöfen.

Nur wenige Kilometer von St. Märgen entfernt hat die rund
15 Kilometer lange Thurnerspur ihren Ausgangspunkt.

Einstmals eine harte, entbehrungsreiche Jahreszeit, wird der Schwarzwald-Winter heutzutage sehnlichst herbeigewünscht.

die eher in sich gekehrten Hochschwarzwälder war es jedenfalls ein einschneidender Kulturwandel.

Tourismus und Naturschutz

Heute ist Tourismus ein starker Wirtschaftszweig rund um den „Höchsten", den 1493 Meter hohen Feldberg, der zu jeder Jahreszeit mehr oder weniger sportliche Gäste anzieht. Ein Problem für die Naturschützer? Nicht, wenn jeder sich an die Regeln hält und auf der Piste und den Wegen bleibt. Mit Information statt Konfrontation versuchen die Feldberg-Ranger bei den Urlaubern das Gespür für die Natur zu wecken.

Seit 1937 ist der Feldberg als Naturschutzgebiet ausgewiesen und bildet heute den Mittelpunkt des Naturparks Südschwarzwald, eines der größten in Deutschland. Das Haus der Natur zeigt, wie die eiszeitlich geprägte Landschaft entstanden ist, welche Tiere und Pflanzen dort ihre Heimat haben und wie die Landschaft genutzt wurde und wird. Doch keine Ausstellung kann so eindrucksvoll sein wie die Natur selbst, von zahlreichen Wanderwegen durchzogen. Am meisten sieht und erlebt man auf der großen Rundtour des Feldbergsteigs (s. Favoriten S. 32), vorbei an mehreren einladenden Hütten und zahlreichen Naturschönheiten.

Mystische Berge

In aller Herrgottsfrühe – Schwarzwälder meinen damit die Zeit um Sonnenaufgang – sei es oben am schönsten. Die Rede ist vom Belchen, dem eindrucksvollsten Aussichtsberg im Hochschwarzwald. Seine kahle Kuppe eröffnet Ausblicke in alle Himmelrichtungen, besonders ergreifend, wenn die Sonne sich im Osten langsam erhebt oder abends jenseits des Rheintals versinkt. Für die Kelten hatte der Belchen, gute Fernsicht vorausgesetzt, sogar etwas Kultisches. Denn wenn die Sonne auf dem kahlen Schwarzwaldgipfel genau hinter dem Ballon d'Alsace, dem Elsässer Belchen, versinkt, ist Frühlings- (21. März) oder Herbstanfang (23. September).

Die ehemalige Kultstätte der Kelten zählt heute zu den beliebtesten Zielen im Südschwarzwald. 1866 entstand unterhalb des Belchen-Gipfels das erste Rasthaus für müde Wanderer. Sein Nachfolger, 1899 fertig gestellt, ist seit 2001 nur noch zu Fuß oder mit der Seilbahn zu erreichen. Acht Personen können in den ursprünglich für die Weltausstellung in Hannover im Jahr 2000 gebauten Kabinen fast bis zum Gipfel schweben.

Wirtschaftszentrum Kloster

Wer von den Belchenhöhen in die Niederungen der Rheinebene zurückkehrt,

In Blickweite zum mystischen Belchengipfel (oben rechts) steht das Belchenhaus (oben links). Der Schluchsee ist auch für Angler ein beliebtes Ziel (unten links). In der Hexenlochmühle wurde Holz gesägt (unten rechts).

durchfährt das wunderschöne Münstertal mit dem Kloster St. Trudpert. Der Legende nach soll der Ire Trudpert Mitte des 7. Jahrhunderts im seinerzeit unwirtlichen Schwarzwald für eine kleine Klause gerodet haben. Als seine Knechte die Entbehrungen nicht mehr ertrugen, erschlugen sie den Missionar. Am „Tatort" sei daraufhin eine Quelle entsprungen, sie wurde zu einem Wallfahrtsziel. Anfang des 9. Jahrhunderts fassten Benediktinermönche die Quelle ein und errichteten die heute so prächtige Klosteranlage.

Die Benediktiner waren die treibende Kraft bei der Kultivierung des Schwarzwalds. Sie gründeten auch die Klöster St. Blasien, St. Peter, St. Märgen und St. Georgen und erschlossen Acker- und

Der Dichter Johann Peter Hebel nannte den Belchen „erste Station von der Erde zum Himmel".

Weideland nicht nur für die Selbstversorgung. Siedler kamen ins Waldgebirge, nicht zuletzt wegen der Silbervorkommen im Münstertal und am Schauinsland. Im Hochmittalter waren die Klöster zu hochkomplexen Wirtschaftsunternehmen herangewachsen, deren Macht und Einfluss bis zur Säkularisierung Anfang des 19. Jahrhunderts anhielt. Sie waren politisch, wirtschaftlich und geistig die treibenden Kräfte im Schwarzwald. Die Klosterbibliothek von St. Peter und der prächtige Kuppelbau der Domkirche St. Blasien erinnern bis heute an diese Zeiten.

Erfolgreiche Rebellion

Nicht weniger komplex, aber deutlich nachhaltiger orientiert, entstand ein ganz anderes Unternehmen. Lange bevor sich der energiepolitische Kurs auf Bundesebene änderte, hat sich Schönau von Energie aus Atomkraftwerken los-

Im Münstertal begannen die Benediktiner, den Schwarzwald zu kultivieren
und zu missionieren: Klosteranlage St. Trudpert.

An die klösterliche Blütezeit erinnert die üppig ausgestattete Rokoko-Bibliothek
von St. Peter. Baumeister Peter Thumb aus Vorarlberg hat sie entworfen.

Eindrucksvoll wölbt sich die frühklassizistische, 23 Meter hohe Kuppel im Dom von St.Blasien. 1771 bis 1783 erbaut, war sie seinerzeit der drittgrößte Kuppelbau in Europa. Besonders markant: die 20 im Kreis angeordneten Säulen.

gesagt. Die kleine Gemeinde mit gerade mal 2500 Einwohnern liegt zwischen Feldberg und Belchen mitten im Biosphärengebiet Südschwarzwald. Als 1986 die Atomkatastrophe von Tschernobyl auch hier ankam, war die Irritation zunächst groß. Doch bald war klar, dass man den Abschied vom Atomstrom wollte. Zum Schwur kam es 1991, als der regionale Energieversorger auf eine vorzeitige Verlängerung seines Vertrags mit der Gemeinde drängte – was auf Jahre eine Festlegung auf Atomstrom bedeutet hätte. Letztendlich gelang es der Bürgerinitiative „Energie in Bürgerhand" die Bevölkerung zu überzeugen, und der Vertrag wurde nicht verlängert.

Ehre für die Stromrebellen

Die Schönauer „Stromrebellen" hatten zwischenzeitlich so viel Wissen zur Energieversorgung erworben, dass sie 1999 das örtliche Elektrizitätswerk erwerben und das erste bürgereigene Energieversorgungsunternehmen Deutschlands gründen konnten. Heute beschäftigen sie mehr als 90 Mitarbeiter, Tendenz steigend, und liefern Strom in ganz Deutschland.

Anerkennung für ihre Arbeit erhielten die Initiatoren nicht nur durch den Erfolg, sondern auch durch die Verleihung des Bundesverdienstkreuzes und des Verdienstordens des Landes Baden-Württemberg.

WINTERSPORT

Der große Run auf den Hang

Skiabfahrten für Anfänger und Könner, ein aussichtsreiches Loipennetz, Trails für Schneeschuhgeher, Winterwanderwege und ein Startplatz für Snowkiter – der Feldberg ist das größte und attraktivste Skigebiet nördlich der Alpen. Stillstand kennen nur die Autofahrer.

Der Anfang ist ganz leicht: Mit dem Lift geht es hinauf auf den Feldberg.

An durchschnittlich zehn Tagen pro Saison heißt es auf der Bundesstraße 317 am Feldberg: „Nichts geht mehr." Dann tummeln sich rund 12 000 Wintersportler auf dem „Höchsten". Vorausgesetzt, sie haben einen Parkplatz gefunden oder sind gleich mit dem Bus gekommen. Angesichts der chaotischen Parkverhältnisse entlang der B 317 kämpft der Bürgermeister der Gemeinde Feldberg schon lange für ein Parkhaus am Seebuck. Die frühere schwarz-gelbe Regierung in Baden-Württemberg hatte ihm sogar einen Zuschuss von drei Millionen Euro in Aussicht gestellt. Doch nach dem Regierungswechsel im Jahr 2011 sah es für das Parkhaus-Projekt deutlich schlechter aus. Die grün-rote Landesregierung setzt auf nachhaltigen und innovativen Tourismus und will in ein Parkhaus am Feldberg keine Steuergelder investieren. Daran hat sich nichts geändert. Und doch ist im Sommer 2015 neben dem „Haus der Natur" ein Parkhaus mit 1200 Stellplätzen emporgewachsen. Wie das?

Konzept „Feldberg 2020"

„Feldberg 2020", ein Konzept zur nachhaltigen Entwicklung des Wintersports am Höchsten, bestätigte die Parkhauspläne als sinnvolles Unternehmen. Das Institut für Natursport und Ökologie an der Sporthochschule Köln hat den Rahmenplan unter wirtschaftlichen, finanziellen und ökologischen Gesichtspunkten entwickelt und erreicht, dass die Akteure vor Ort das Konzept mittragen. Keine leichte Aufgabe, fangen die Auseinandersetzungen doch schon bei den Beschneiungsanlagen an. 16 Schneekanonen stehen am Seebuck und verbrauchen rund 400 Kilowatt Strom pro Stunde. Damit ist der Feldberg in der Wintersaison schneesicher, aber mit enorm hohem Wasser- und Energieverbrauch. „Feldberg 2020" macht Vorschläge, wie die Anlagen ökologisch vertretbar Wasser in Schnee wandeln können. Denn dass der Feldberg schneesicher ist, verringert das wirtschaftliche Risiko für die Betreiber der 14 Liftanlagen im Liftverbund Feldberg deutlich. Um wettbewerbsfähig zu bleiben, ersetzen sie im

Der Feldberg bietet Wintersportlern aller Altersgruppen und Sportarten ein reiches Terrain. Wenn der Winter nicht so recht in die Gänge kommen will, wird ihm im größten Skigebiet von Baden-Württemberg mit Schneekanonen auf die Sprünge geholfen.

Rahmen des Entwicklungskonzeptes veraltete Liftanlagen durch moderne, wie beispielsweise den Lift auf den Zeiger.

Im Stau zum Hang

Es sind durchschnittlich zehn Tage pro Saison, an denen der Run auf den Hang zum Stillstand auf der Straße führt, und an den weiteren 125 Betriebstagen ist es nicht immer einfach, vom Auto auf die Piste zu kommen. Auf der B 317 stehen die Wagen Stoßstange an Stoßstange, manche versperren gar Rettungsfahrzeugen den Weg. „Feldberg 2020" schlägt

16 Schneekanonen stehen am Seebuck. Damit ist der Feldberg in der Wintersaison schneesicher, aber mit enorm hohem Wasser- und Energieverbrauch.

Im Schnee muss nicht viel Aufwand betrieben werden, um einfach nur Spaß zu haben, wie hier in St. Peter. Wer die Stille sucht, wird selbst auf dem Feldberg abseits des Rummels fündig.

einen Umbau der Bundesstraße mit Parkbuchten und einem Fußweg neben der Fahrbahn vor. Natürlich könnten die Wintersportler auch den Bus nehmen, der im Winter an Wochenenden, Feiertagen und in den Ferien jede halbe Stunde von Titisee und Todtnau auf den Feldberg fährt. An Spitzentagen nehmen auch bis zu 1000 Wintersportler dieses Angebot an, aber den meisten ist die Fahrt in voller Montur mit dem Bus zu umständlich, das Warten auf den Bus dauert oft zu lang. Nur 15 Prozent der Tagesgäste haben deshalb Bahn und Bus auf den Feldberg genommen. Das sei ausbaufähig, meint das Projektteam aus Köln. Wenn Züge aus Freiburg häufiger als stündlich und mit engem Takt Richtung Titisee fahren, könnte man den Autoverkehr am Feldberg auf 63 Prozent reduzieren. Bis zu zwei Stunden Anfahrtszeit nehmen Skifahrer in Kauf, um auf den Höchsten zu kommen. Und auch für diese weiter Gereisten gibt es ein Angebot: Ein Pilotprojekt, das in der Saison 2014/15 Wintersportler aus Karlsruhe, Stuttgart und Basel mit Bussen zum Feldberg brachte, war so erfolgreich, dass es weiter geführt wird. Trotzdem wird der Individualverkehr stark bleiben – und damit das Parkhaus gebraucht.

Naturschutz gibt grünes Licht
Und was sagen die Naturschützer zu diesen Plänen zum Ausbau des Feldberg-Tourismus? Sie bleiben gelassen. Das Skigebiet ist zwar fast rundum von geschützten Gebieten umgeben, aber dank einer klugen Besucherlenkung stehe der Feldberg, was Erosionsschäden betreffe, heute besser da als vor 20, 30 Jahren. In der Regel ließen sich die Wintersportler auf die Spielregeln ein. Nur die Schneeschuhgeher seien nicht immer ganz so leicht zu lenken: Auf der Suche nach dem eigenen Weg stöbern sie zum Leidwesen der Naturschützer abgelegene Winkel auf, manchmal auch bei Nacht, und stören auf ihrer Suche nach Stille die Ruhe der Wildtiere.

Informationen

. . . .

Skifahren und Rodeln
52 Liftanlagen, 130 Pistenkilometer, 300 km Winterwanderwege und 330 km Langlaufloipen mit einheitlicher Beschilderung gibt es im Hochschwarzwald.
Rodelhänge sind überall zu finden, der längste mit 3,5 km führt von der Krunkelbachhütte nach Bernau.

Weitere Wintersportmöglichkeiten
Natureisbahnen in Titisee, Triberg, St. Georgen und in Schluchsee. Eisklettern am Todtnauer und Triberger Wasserfall sowie am präparierten Eisfelsen bei Utzenfeld. Snowtubing in Bernau, Snowkiting am Feldberg. Snowpark Feldberg für Boarder und Freestyler. Snowbiken am Belchen. Biathlon am Notschrei.

Hinauf zu den Schwarzwaldhöhen

Berge, Hochebenen, Täler, Wälder, satte Wiesen – schöner kann Schwarzwald kaum sein. Die Region bietet viel Natur und setzt stark auf Nachhaltigkeit, um diese auch zu erhalten.

❶ Furtwangen

Wer den Schwarzwälder Tüftlergeist sucht, wird im einstigen Zentrum (9250 Einw.) des Uhrenhandwerks fündig. Heute prägen rund 800 Unternehmen und die Hochschule, urspr. eine Uhrmacherschule, mit 6000 Studierenden die Stadt als Wirtschafts- und Wissenschafts-standort.

MUSEEN

Das **Deutsche Uhrenmuseum** zeigt u. a. die weltweit umfassendste Sammlung Schwarz-walduhren aus 150 Jahren (Robert-Ger-wig-Platz 1, www.deutsches-uhrenmuseum.de; April–Okt. tgl. 9.00–18.00, sonst tgl. 10.00 bis 17.00 Uhr). Die **Hexenlochmühle**, einzige im Schwarzwald mit zwei Wasserrädern, wurde 1825 als Sägemühle erbaut. Das große Rad treibt bei Vorführungen die Sägen an (Hexen-lochstr. 13, Furtwangen-Neukirch, www.hexen lochmuehle.de; tgl. 9.30 –18.00 Uhr).

UMGEBUNG

Beim Gasthof Kolmenhof (8 km nördl., tgl. ge-öffnet, www.kolmehof.de) entspringt die Breg, die zusammen mit der Brigach die Donau „zu-weg" bringt. Von der Martinskapelle führt ein Weg zum Brend (1148 m) mit herrlicher Sicht bis zu den Schweizer Alpen (1,5 Std.). Wer Mo-delleisenbahnen kennt, kennt **Faller**. 1,2 Mio. Bahnhöfe, Mühlen, Industriewerke, Wohnhäu-ser, Jahrmärkte und was sich sonst im tägli-chen Leben findet, stellt die Firma im kleinen Maßstab her und zeigt sie in ihrer Ausstellung (Kreuzstr. 9, Gütenbach, www.faller.de; Mi.–Fr. 10.00–17.00, Sa. 10.00–15.00 Uhr).

INFORMATION

Tourist-Information, Lindenstr. 1
78120 Furtwangen, Tel. 07723 9 29 50
www.dasferienland.de

❷ St. Peter

Das Dorf (2500 Einw.) an der Schwarzwald-Panoramastraße ist bekannt für seine barocke Klosteranlage. Als Bioenergiedorf setzt es auf regenerative Energieerzeugung.

Sommerspringen in Hinterzarten (links). Die Fernsehfamilie Faller mit ihrem Hof bei Gütenbach ist seit 20 Jahren ein Publikumserfolg.

SEHENSWERT

Das 1093 gegründete **Benediktinerkloster St. Peter** TOPZIEL (1806 aufgehoben) gilt mit der Barockkirche, dem Fürstensaal und der Rokoko-Bibliothek als eines der prächtigsten Zeugnisse barocker Baukunst (18. Jh.) in Süd-deutschland. Die Kirche kann immer besichtigt werden, Kloster und Bibliothek hingegen nur bei Führungen (www.st-peter-schwarzwald.de; Di. 11.00, Do. 14.30, So. und Fei. 11.30 Uhr).

RESTAURANTS

Deftiges Holzofenbrot mit Schinken oder ver-führerisch süße Holunderblüten- bzw. Schwarzwälder Kirschtorte: Landfrauen betrei-ben das € **Café Goldene Krone** (Wagen-steigstr. 10, Tel. 07669 9 39 99 88, www.cafe-goldene-krone. de; Mi.–Fr. So., Fei. 12.00 bis 18.00, Sa. 14.00–18.00 Uhr).

UMGEBUNG

Im Marienwallfahrtsort **St. Märgen** sind die reich ausgestattete Klosterkirche (18. Jh.) mit romanischer Marienstatue und der Klosterhof

erhalten. Im Klosterbau ist ein der Geschichte der Schwarzwalduhr gewidmetes Museum un-tergebracht (Mai–Okt. Mi. und Do. 10.00–17.00, So.; Fei. 10.00–13.00 Uhr, sonst nur So., Fei.). Das kleine Dorf ist für den „Schwarzwälder Fuchs" bekannt, ein kleines Kaltblutpferd für harte Arbeitsbedingungen auf kargen Höhen. Alle drei Jahre (Sept. 2016, 2019) steht das Dorf beim Rossfest im Zeichen des Kaltblüters. Zum Rheintal hin öffnet sich das **Glottertal**. 1000 Meter Höhenunterschied kennzeichnen das Tal, in dem Reben, Obst und Wald an teil-weise sehr steilen Hängen wachsen. Haupt-sorte ist der Spätburgunder unter dem Namen „Roter Bur". Früher wanderten Scharen von Touristen auf den Spuren von Professor Brink-mann und Oberschwester Hildegard durchs Glottertal – die in 38 Länder verkaufte Fernseh-serie „Schwarzwaldklinik" spielte bis 1989 hier.

INFORMATION

Tourist-Information, Klosterhof 11
79271 St. Peter, Tel. 07652 12 06 83 70
www.st-peter-schwarzwald.de

❸ Hinterzarten

Vier Schanzen warten im Adler-Skistadion auf Skispringer und Kombinierer. Als wichtigster Wettkampf gilt der „Sommer Grand Prix" im Aug. Der Olympia-Stützpunkt (2500 Einw.) ist Heimat von Georg Thoma, Olympiasieger 1960.

MUSEEN
Im mehr als 300 Jahre alten **Hugenhof** kann man die Geschichte des Skilaufens nachvollziehen (Erlenbrucker Straße 35, www.schwarzwälder-skimuseum.de; Di., Mi., Fr. 15.00 bis 17.00, Sa., So., Fei. 12.00–17.00 Uhr). Spielzeug aus zwei Jahrhunderten zeigt das **Museum Zum kleinen Hannes** (Adlerschanze 1, www.spielzeugmuseum-hinterzarten.de; Di., Do. 15.00–18.00, So., Fei. 14.00–18.00 Uhr).

ERLEBEN
Wer Näheres über die Schanzenanlage wissen will, sollte an einer **Schanzenführung** teilnehmen (Tel. 0171 3 83 73 91; Mai–Okt. Do. 11.00, Juli–Sept. auch So. 11.00 Uhr).
Der **Moorlehrpfad** führt rund um den größten Moorkomplex des Schwarzwaldes, der Moorquerweg führt mitten hindurch.

UMGEBUNG
Eine Fahrt durchs **Höllental** TOPZIEL beginnt oder endet im Himmelreich. Das gleichnamige Hofgut im Dreisamtal wird als integrativer Hotelbetrieb geführt (www.hofgut-himmelreich.de). Daneben liegt der Bahnhof. 1887 begann mit dem Bau einer der steilsten Eisenbahnstrecken Deutschlands der Tourismus im Hochschwarzwald. Neun Tunnel und ein 222 m langer gemauerter Viadukt 42 m über der **Ravennaschlucht** sind die Hauptattraktionen der Strecke. An der engsten Stelle war das Tal einst nur 9 m breit. Hier soll sich ein Hirsch mit einem tollkühnen Sprung über die Klamm vor seinem Verfolger gerettet haben. Seit Beginn des 20. Jh. erinnert eine mehr als 2 m hohe Bronzeskulptur an die Legende.

Tipp

Besuch bei den Bienen

Imkern ist in. Sogar manche Großstädter nutzen ihre Balkone, um sich ein Bienenvolk zu halten. Doch wie steht es mit der klassischen Imkerei und deren Wurzeln? Im Bienenkundemuseum im Münstertal dreht sich alles um das nützliche Insekt und seine Haltung. Und lebendige Bienen kann man am Schaubienenstock beobachten.

BIENENKUNDEMUSEUM
Spielweg 55 (nahe Obergaß)
www.bienenkundemuseum.de
Mi., Sa., So. und Fei.14.00–17.00 Uhr

Schluchsee mit Seehotel Hubertus (oben) und Titisee (u.r.). Der Höllental-Hirsch erhält stets neue Accessoires, hier also Flügel (o.r.).

Die **St.-Oswald-Kapelle** nahe der Ravennabrücke gilt als älteste erhaltene Pfarrkirche im Hochschwarzwald (1148 geweiht).

INFORMATION
Tourist-Information, Freiburger Straße 1
79856 Hinterzarten, Tel. 07652 1 20 60
www.hinterzarten.de

❹ Titisee-Neustadt

Der Titisee in Titisee-Neustadt (12 000 Einw.) zählt zu den beliebtesten Ausflugszielen. Eine Landschaft wie aus dem Bilderbuch und eine riesige Auswahl an Schwarzwaldsouvenirs locken die Touristen seit mehr als 100 Jahren.

SEHENSWERT
Der Turm des dreischiffigen **Münsters St. Jakobus** (1897–1902) überragt alles. Der Kirchenpatron mit der ihn kennzeichnenden Pilgermuschel ist auf dem Hochaltar zu finden. Kleinod ist der Marienaltar im linken Seitenschiff.
Die größte Naturschanze für Skispringer in Deutschland, die **Hochfirstschanze**, kämpft darum, in den Terminkalender des Weltcups aufgenommen zu werden. Im Sommer ist die Schanze Bühne für Open-Air-Musik (Schützenstraße in Neustadt). Fahrten auf dem **Titisee** sind mit Booten möglich. Anbieter und Verleiher finden sich direkt am See.

UMGEBUNG
Weiter südl. liegt der natürlich wirkende und ruhigere **Schluchsee** TOPZIEL, größter See des Schwarzwaldes und höchstgelegener Stausee Deutschlands (930 m). Wechselhafte Winde machen ihn zu einem beliebten Seglerrevier. Kurz davor lockt der **Windgfällweiher** mit einem Strandbad wie aus den 1950er-Jahren. Das Erlebnis-Bad Aqua Fun liegt direkt am See bei der Gemeinde Schluchsee (Freiburger Straße, Schluchsee, www.gemeinde-schluchsee.de; Mai–Sept. tgl. 9.00–19.00 Uhr)

INFORMATION
Tourist-Information
Titisee: Strandbadstr. 4
Neustadt: Sebastian-Kneipp-Anlage 2

79822 Titisee-Neustadt
Tel. 07652 1 20 60
www.titisee-neustadt.de

❺ Feldberg

Ort und Berg (1493 m) bilden das Zentrum des Hochschwarzwaldes. Das größte zusammenhängende Wintersportgebiet nördlich der Alpen steht seit 1937 unter Naturschutz und ist im Sommer ein Wanderparadies.

SEHENSWERT
Das **Haus der Natur** an der Talstation des Lifts auf den Seebuck sensibilisiert Besucher aller Altersklassen für den schonenden Umgang mit der Natur (Dr.-Pilet-Spur 4, www.naz-feldberg.de, www.naturpark-suedschwarzwald.de; Di.–So. 10.00–17.00 Uhr).

RESTAURANTS
Man kommt nur zu Fuß oder mit dem Rad zum € **Raimartihof**, 500 m vom Feldsee entfernt. (Eindachhaus um 1710). In der urigen Bauernstube gibt es Spezialitäten wie Schäufele, Brägele und Biboliskäse (www.raimartihof.de, 4 km vom Parkplatz Kunzenmoos bei Bärental; tgl. 9.00–19.00 Uhr, Jan.–Mai Di. Ruhetag).

UMGEBUNG
Mit der Seilbahn geht es zum Ausgangspunkt der Rodelbahn am Hasenhorn bei **Todtnau**; wie schnell es die 2,9 km hinab geht, kann jeder selbst bestimmen (www.hasenhorn-rodelbahn.de; tgl. ab 9.00 Uhr). Der Stübenbach stürzt zwischen Todtnauberg und Aftersteg über mehrere Kaskaden 97 m in die Tiefe und bringt so den Todtnauer Wasserfall hervor. Er ist auch auf dem Wasserfallsteig zu erwandern (s. Unsere Favoriten S. 33).

INFORMATION
Tourist-Information
Kirchgasse 1, 79868 Feldberg
Tel. 07652 12 06 83 00
www.gemeinde-feldberg.de

6 St. Blasien

Der kleine Schwarzwaldort (3700 Einw.) bietet eine atemberaubende Kulisse: Von Wäldern umrahmt, wölbt sich die größte Kirchenkuppel nördl. der Alpen.

SEHENSWERT
Im 9. Jh. wurde das **Kloster TOPZIEL** gegründet, das seine Blütezeit im 18. Jh. hatte. Immer wieder von Bränden zerstört, wurde es stets größer und schöner wieder aufgebaut. Die frühklassizistische Kuppelkirche entstand nach dem Brand von 1768 nach dem Vorbild des römischen Pantheons. Nachdem die Abtei 1806 aufgehoben wurde, zogen zuerst eine Waffen-, dann eine Maschinenfabrik und eine Baumwollspinnerei in die Gebäude. Seit 1933 ist das Kloster Sitz der Jesuiten (www.dom-st-blasien. de; außer bei Gottesdiensten Sommer 8.00 bis 18.30 Uhr, Winter kürzer).

VERANSTALTUNGEN
Domkonzerte, Domfestspiele (Termine unter www.kloster-konzerte.de, www.domfest spiele-stblasien.de).

UMGEBUNG
In einem sonnigen Hochtal liegt **Bernau** (westl.), Heimat des Malers Hans Thoma (1839 bis 1924), der Landschaft und bäuerliches Leben seiner Heimat festhielt (Rathausstr. 18, www.hans-thoma-museum.de; Mi.–Fr. 10.30 bis 12.00, 14.00–17.00, Sa., So. und Fei. 11.30 bis 17.00 Uhr, Mitte Nov.–Mitte Dez. geschl.).

INFORMATION
Tourist-Information, Am Kurgarten 1
79837 St. Blasien, Tel. 07670 41 43 0
www.tourismus.stblasien.de

7 Münstertal

St. Trudpert war die erste und größte Klosteranlage der Benediktiner im Schwarzwald.

SEHENSWERT
Nach Zerstörungen im Dreißigjährigen Krieg entstand 1710–1738 die heutige **Barockkirche**; Kirchenfassade und Kloster wurden neu gestaltet. Im Kulturdenkmal leben und arbeiten heute die Schwestern vom heiligen Josef. Das **Museumsbergwerk Finstergrund** zwischen Wieden und Utzenfeld ist das einzige im Schwarzwald, in das man mit einer Bahn einfährt (Obermünstertal, www.finstergrund. de; Mai–Okt. Sa., So. und Fei. 10.00–16.00 Uhr, Juli bis Sept. auch Mi.). Auch das **Bergwerk Teufelsgrund** kann besichtigt werden (Mulden 71, Untermünstertal, www.besucherberg werk-teufelsgrund.com; April–Okt. Di., Do. und Sa. 10.00–16.00, So. und Fei. 13.00–16.00, Juli und Aug. auch Mi. und Fr. 13.00–16.00 Uhr).

INFORMATION
Tourist-Information, Wasen 47
79244 Münstertal, Tel. 07636 70 70
www.muenstertal.de

DuMont Aktiv

Schluchsee zu Land und zu Wasser

Einmal den größten See des Schwarzwaldes zu Fuß umrunden! Kein Problem angesichts des gut ausgebauten Wanderweges rund um den Schluchsee. Noch schöner wird die Tour, wenn man einen Teil des Weges auf dem Schiff zurücklegt. Die Vesperpause am Unterkrummenhof hat man sich verdient.

Wanderer, Surfer, Angler, Segler, Ruderer, Schwimmer, Taucher, Radfahrer – bei gutem Wetter zieht es alle an den Schluchsee. Und dennoch ist es rund um den ehemaligen Gletschersee wesentlich ruhiger als am benachbarten Titisee. 18 km lang ist der Weg um den See, auf dem man auch radeln kann. Eine angenehme Variante der Seeumrundung ist eine kombinierte Schiffs- und Wandertour. Zum einen ist natürlich die Wegstrecke kürzer, zum anderen lässt man den Teil der Wanderung, die an der Bundesstraße 500 entlang führt, im wahren Sinne des Wortes links liegen. An der Anlegestelle Aha kann man eines der Schluchsee-Boote besteigen. Was währenddessen „hinter den Kulissen" passiert, merkt dabei niemand.

Durch fünf Kraftwerke schießt tagsüber bei Spitzenbedarf Wasser aus Deutschlands höchstgelegenem Pumpspeichersee durch Druckstollen in den Rhein, der 620 m tiefer liegt, und erzeugt Strom. Mit nächtlichem Stromüberfluss wird aus den Rheinkraftwerken Rheinwasser zurückgepumpt. Vom Anleger „Staumauer" am Ostende geht es am Südufer zum „Unterkrummenhof". Nach einem Vesper ist der letzte Abschnitt des Wegs nach Aha ein Leichtes, und vielleicht ist es warm genug für ein erfrischendes Bad.

Weitere Informationen

Länge des beschriebenen Wegteils 9,8 km (Gesamtlänge 18 km).
Anfahrt mit der Regionalbahn von Freiburg über Titisee bis zur Haltestelle Aha

Parkmöglichkeit beim Bahnhof Aha
Einkehr beim „Unterkrummenhof" Tel. 07 65 6 15 00; mit E-Bike-Ladestation und Bootsanlegestelle

Solch ein Bild sehen Wanderer am Schluchsee immer wieder: Angler ziehen Hecht und Zander, Karpfen, Seesaibling und Forellen aus dem Wasser.

Weitblick aus engem Tal

Härter als Granit soll ein sturer Hotzenkopf sein. Und hinterwäldlerisch. Wenn man durch die engen Täler mit den steilen Felswänden fährt, ist man schon geneigt, diese Vorurteile zu glauben. Aber wer solch grandiosen Weitblick von hoch gelegenen Blumenwiesen hat bis hin zu den Schweizer Alpen, kann der wirklich so verschlossen sein? Und wie kommt es, dass gerade im Hotzenwald ein Zentrum der Textilindustrie entstand?

Gischtwolken hüllen den Rheinfall und seine Besucher ein.

Lotenbachklamm bei Bonndorf: Nicht nur die Wutachschlucht, auch ihre Seitentäler sind attraktive Wanderziele.

Das Rothauser Heimatmuseum Hüsli spiegelt die Lebensverhältnisse Anfang des 20. Jahrhunderts wider. Hier ein Blick in die Stube mit Kachelofen, knarzendem Holzboden und allerlei Zierrat, darunter eine Schwarzwälder Lackschilduhr.

Eine der eindrucksvollen Passagen der Wutachschlucht ist die Muschelkalkwand zwischen Bonndorf und Wutach.

Diverse Nebengewässer wie der Lotenbach speisen die Wutach.

Die Wutach hat sich in rund 20 000 Jahren ein bis zu 200 Meter tiefes und etwa 50 Kilometer langes Tal geschaffen und ist der letzte ursprüngliche Wildfluss nicht nur des Schwarzwaldes.

Tief in die Berglandschaft eingeschnitten, gerade mal so breit, dass eine Straße Flatz hat – so präsentiert sich das Wehratal, eines der schönsten und einsamsten Täler im Schwarzwald. Es begrenzt den Hotzenwald, wenn man es geografisch streng sieht, an seiner Westseite.

In der ersten Hälfte des 20. Jahrhunderts galt Todtmoos ganz im Norden des Tals als das Davos Deutschlands. In der reinen Luft der Hochgebirgslandschaft hofften wohlhabende Patienten aus dem In- und Ausland, von der Tuberkulose geheilt zu werden. Heute ist der Ort eher durch seine internationalen Schlittenhunderennen bekannt, die jeden Januar mit schon mal mehr als 1000 Huskys und Schlittenhunden ausgetragen werden – sofern der Winter mitspielt.

Urwald in Mitteleuropa

Östlich der Wehra, also zum Kerngebiet des Hotzenwalds hin, gab es bis zur Mitte des 19. Jahrhunderts keinen einzigen Weg. Urwaldähnliche Zustände herrschten dort, denn wegen des felsigen Geländes konnte der Wald lange nicht genutzt werden. Und als dies dann möglich war, lohnte es sich kaum noch. Dadurch konnte sich der natürliche Baumbestand ohne Aufforstungen erhalten, bis er 1970 zum Bannwald erklärt

wurde – zusammen mit der Westseite der Wehra, wo seit 1826 auch kaum noch ein Baum gefällt wurde. Solche urwaldartigen Waldgebiete sind heutzutage eine Ausnahme in Mitteleuropa, und so lag es nahe, das gesamte Gebiet unter Naturschutz zu stellen.

Ideal für Wanderungen und Fahrradtouren – wer sich entlang der Wehra auf den Weg macht, erfährt viel über die Besonderheiten des Tals. Von den typischen Gebirgszügen im Norden verändert es sich bei Wehr in eine karstige Landschaft, die vor rund 200 Millionen Jahren als Ablagerung des urzeitlichen Meeres entstanden war. Der Boden besteht aus drei Schichten Muschelkalk. Als sich vor etwa 70 Millionen Jahren der Oberrheingraben absenkte und der Schwarzwald empor gehoben wurde, brach der Dinkelberg bei Wehr aus dem Grundgebirgsblock heraus und blieb als geologische Insel bestehen. Durch Wasserläufe wurde der Kalk gelöst, und es bildeten sich teils ausgedehnte Karsthohlräume. Ein eindrucksvolles Beispiel dieses Prozesses ist die Erdmannshöhle in Hasel: Sogar Tropfsteine erwarten die Besucher in einer der schönsten Schauhöhlen. Der größte ist mehr als vier Meter hoch und hat am Fuß einen Durchmesser von über zwei Meter. Man vermutet, dass er älter als 135 000 Jahre ist.

Laufenburg mit seinem noch mittelalterlich wirkenden Stadtbild ist durch den Rhein geteilt.
Der Blick geht hinüber auf die Schweizer Seite.

Auch Waldshut zeigt in seiner Kaiserstraße
neben dem Rathaus aus dem 18. Jahrhundert
eine Vielzahl historischer Bauten.

Bad Säckingens „Trompeter" am
Treppenaufgang zum Schloss Schönau

Bad Säckingens hölzerne Rheinbrücke misst stolze 203 Meter.

Special

Alemannisch

Ein Stück Heimat

Wenn z Friiburg einer sait, noch e Muggesäggeli mehr, dann meint derjenige, dass er ein kleines bisschen mehr möchte. Alles klar? So schwätz mer ebbe bi uns.

Böse Zungen behaupten, das Alemannische sei weniger eine Sprache als eine Rachenkrankheit, und das umso schlimmer je weiter man in die Schweiz hinein komme. Nun, um „Chuchichänschterli" zu sagen, muss man schon weiter hinten artikulieren als wenn man „Küchenschrank" sagt. Für die Menschen am Oberrhein und im Schwarzwald ist ihre „Sproch" ein Stück Heimat, die im Markgräflerland wieder ein bisschen anders klingt als im Hotzenwald oder im Kinzigtal. Und dennoch verstehen sich alle, auch jenseits der Ländergrenzen zur Schweiz oder zum Elsass. So verband das Alemannische in den 1970er-Jahren beispielsweise die Bürger, die gegen das Kernkraftwerk Wyhl protestierten, über die Grenzen hinweg.

Das Alemannische ist eine lebendige Sprache, in der Stadt wie auf dem Land. Die Muettersproch-Gsellschaft und die Alemannische Bühne in Freiburg pflegen sie ebenso wie die Lit uff de Stross. Das alemannische Wikipedia und das alemannische Lexikon sorgen dafür, dass Vokabeln und Grammatik dieser sprachwissenschaftlich zum Westoberdeutschen gerechneten „Heimat" von rund zehn Millionen Sprechern nicht verloren gehen. Im Alemannischen Institut in Freiburg haben sich Wissenschaftler zusammengeschlossen zur „fächer- und grenzüberschreitenden landeskundlichen Erforschung des alemannisch-schwäbischen Sprach- und Siedlungsraumes".

Wer jetzt wunderitzig, also neugierig, auf diese bildhafte Sprache geworden ist, kann sich auf der Internetseite www.alemannisch.de schon einmal einhören, bevor er in den Schwarzwald aufbricht. Adé!

Industrieller Aufschwung

Wasserläufe gibt es im Hotzenwald viele, unter- wie oberirdische. Fünf Flüsse haben sich von Norden nach Süden durch das Gebirge gegraben und fließen alle dem Rhein zu: Wiese, Wehra, Murg, Alb, Schlücht und Steina. Weiter im Osten kommt die Wutach an, die ursprünglich Richtung Donau floss, aber vor Jahrtausenden nach Süden zum Rhein hin umgelenkt wurde. In den vergangenen 70 000 Jahren hat die Wutach so ein eindrucksvolles, bis zu 200 Meter tiefes und 50 Kilometer langes Tal geschaffen.

Schätze des Hotzenwaldes

Wasser und Holzreichtum waren die Schätze des Hotzenwaldes, weshalb sich in den Tälern Glasbläser, Sägewerke, Köhler und Holzfäller ansiedelten. Aber was sie erwirtschafteten, reichte lange Zeit weder zum Leben noch zum Sterben. Viele Hotzenwälder suchten ihr Glück in Amerika oder wanderten ins Banat aus. Wer blieb, musste sich ein Zubrot suchen, und deshalb standen in vielen Häusern Handwebstühle. Als jedoch Ende des 19. Jahrhunderts mechanische Webstühle aufkamen, waren die Heimarbeiter nicht mehr konkurrenzfähig. Das damalige Dorf Wehr dagegen nahm seinen Aufschwung. 1890 wurde der Ort ans Schienennetz angeschlossen. Idealer

Vom Munot bietet sich ein herrlicher Blick auf Schaffhausens Altstadt rund um Münster und Allerheiligen-Kloster (oben). Gemütlich sitzt es sich in der Vordergasse im Schatten des mittelalterlichen Obertorturms (unten links). Die Felsen des Rheinfalls bieten manchen exponierten Aussichtspunkt.

Im sommerlichen Mittel stürzen pro Sekunde 700 Kubikmeter
Wasser über die Felskanten des Rheinfalls.

> „Rastlos donnernde
> Massen auf donnernde
> Massen geworfen, Ohr
> und Auge, wohin retten
> sie sich im Tumult?"

Eduard Mörike (1804–1875) zum Rheinfall

Ausgangspunkt für Unternehmen wie die Brennet AG, die 1888 eine moderne Weberei in Wehr baute und bis heute dem Standort treu geblieben ist. Auch zwischen Lörrach und Zell im Wiesental lebten rund 20 000 Menschen bis in die zweite Hälfte des 20. Jahrhunderts von der Textilindustrie. Mittlerweile Vergangenheit. Heute sind dort eher Spezialisten des Maschinenbaus angesiedelt.

Widerständiges Volk

Industrie braucht Energie. Um Zeiten des Spitzenbedarfs zu decken, wurde 1975 in der Nähe von Herrischried ein Pumpspeicherkraftwerk in Betrieb genommen, das im Rahmen der Energiewende bis 2019 durch ein zweites, größeres Becken bei Atdorf ergänzt werden soll. Ein Projekt, das vom grünen Umweltministerium in Baden-Württemberg befürwortet wird. Den Hotzenwälder Grünen gefällt dies aber ganz und gar nicht, da sie darin nur einen Nutzen für die Privatwirtschaft sehen. Es sei nicht hinzunehmen, dass dafür gute 150 Hektar Landschaft versiegelt werde. Ein Hotzenkopf, egal ob rot, grün oder schwarz, macht sich eben gern seine eigenen Gedanken und ist nicht glatt wie Seide – schließlich war der „Hotzen" ein grobes Wolltuch, aus der bäuerliche Arbeitskleidung hergestellt wurde.

Ausflug zu einem Nadelöhr

Tagesausflügler umdrängen Reisebusse: Wer heutzutage den Betrieb in Schaffhausen beobachtet, wird sich kaum vorstellen können, dass der Rheinfall einst eher ein Ärgernis war. Schließlich behinderte er eklatant den Handelsfluss. Des einen Leid ist des anderen Freud – Generationen haben aus dem wegen des Wasserfalls notwendigen kurzen Landweg ein oftmals nicht unbeträchtliches Einkommen bezogen, woran Schaffhausens gemütlich-althergebrachtes Stadtbild erinnert.

Und der Rheinfall ist immer noch ein Quell des Wohlstands. Heute profitiert der Tourismus. Ein Eisbecher mit Blick auf die tosenden Wassermassen ist eben ein besonderer Genuss. Ein Gang auf zum Teil über das Wasser ragende Aussichtsplattformen sorgt für gewissen Nervenkitzel. Und Ausflugsboote verlocken zu hin und wieder etwas feuchten Touren bis dicht an die gischtende Gewalt – sofern das Wasser reicht, denn in manchen Sommern erinnert der immerhin 23 Meter Höhenunterschied ausgleichende und damit größte Wasserfall Europas mangels Masse eher an eine größere Stromschnelle. Doch Menschenmassen hin oder Wassermangel her, das eindrucksvolle Naturdenkmal lohnt den Besuch allemal.

BIER AUS ROTHAUS

Das Tannenzäpfle ist Kult

Das Kultbier aus dem Schwarzwald hat die Großstädte Deutschlands erreicht. In Berlin, Köln und selbst in der heimlichen Bierhauptstadt München trinkt man in den Kneipen und Szenelokalen „Tannenzäpfle". Dabei hat das so eigentlich keiner beabsichtigt.

Die Grafenhausener zumindest waren alles andere als begeistert, als St. Blasiens Fürstabt Martin Gerbert 1791 eine Brauerei in ihrem Wald bauen wollte. Sie ahnten, dieses Unternehmen würde sie viel Holz kosten, und genau das war zu jenem Zeitpunkt im Schwarzwald knapp. Doch die Proteste beeindruckten den Geschäftsmann Gerbert wenig. Der freie Platz, auf dem schon die Wirtschaft „Zum Rothen Haus" lag, erschien ihm ideal. Und der Erfolg seines Unternehmens sollte ihm recht geben. Immer wieder wurde der Betrieb erweitert, bis er 1807 im Zuge der Säkularisierung an den badischen Hof überging.

Bis heute ist die Brauerei ein staatliches Unternehmen, wenn auch in Form einer Aktiengesellschaft. Das Land Baden-Württemberg hält alle Aktien. Und das soll auch so bleiben, wie der grüne Ministerpräsident Winfried Kretschmann den 240 Mitarbeitern versicherte – auch wenn der Bund der Steuerzahler regelmäßig die Frage stellt, ob es denn Aufgabe eines Staates sei, Bier zu brauen. Für Kretschmann keine Frage, bringe

„Rothaus" doch Geld in die Landeskasse, braue gutes Bier und schaffe dazu auch noch Arbeitsplätze.

„Bier git Kraft"

An dem wirtschaftlichen Erfolg ist auch zu weiten Teilen die kleine braune Flasche mit dem etwas bieder anmutenden Etikett beteiligt. Das stilisierte Schwarzwaldmädel schmückt seit 1972 Zäpfle-Flaschen und löste die eher fotografisch gestaltete „Birgit Kraft" der ersten „Tannenzäpfle" ab. „Bier git Kraft", sagt der Schwarzwälder und gab so dem Mädel auf dem Etikett einen Namen. Dass das Bier „Tannenzäpfle" heißt, wo doch Fichtenzapfen abgebildet sind, ist nicht falsch: ein anderer Name für Fichte ist Rottanne. Und so wählte die Firma mit Sitz in Rothaus die Rottanne.

Kleine Flasche ganz groß

Bereits 1951 hatte die Brauerei einen ersten Versuch mit Bier in Drittelliter-Flaschen gestartet, der sich allerdings als Flop erwies, sodass 1955 die Produktion wieder eingestellt wurde. Erst im zweiten Anlauf schaffte die kleine Flasche, jetzt unter dem Kosenamen „Tannenzäpfle", den Durchbruch. Und das ohne große Werbekampagnen. Seit 1992 pflegt die Rothaus-Brauerei ein umfassendes Sponsoring-Konzept, aber Fernsehwerbung ist für die Staatsbrauerei tabu. Daher kann man das vertraute Logo nur sehen, wenn beispielsweise ein Spiel des SC Freiburg übertragen wird. Das Pils verkauft sich auch so und zwischenzeitlich so gut, dass die höchstgelegene Brauerei Deutschlands immer wieder an ihre Kapazitätsgrenzen stößt.

Bier vom Staat: Eigner der Brauerei ist das Land Baden-Württemberg. Neben dem berühmten Pils in der kleinen Flasche werden auch Hefeweizen, Radler und alkoholfreies Bier produziert.

Weiterführende Informationen

....

Badische Staatsbrauerei Rothaus AG
Rothaus 1, 79865 Grafenhausen-Rothaus, www.rothaus.de
Brauereibesichtigung nach Anmeldung:
Tel. 07748 5 22 96 66; Mo.–Fr. 12.00 u. 17.00, Sa. 12.00 Uhr,
buchbar über www.brauereigasthof-rothaus.de
Brauereigasthof mit Terrasse, Biergarten und Gästezimmern, Tel. 07748 5 22 96 00; tgl. 11.00–22.00 Uhr

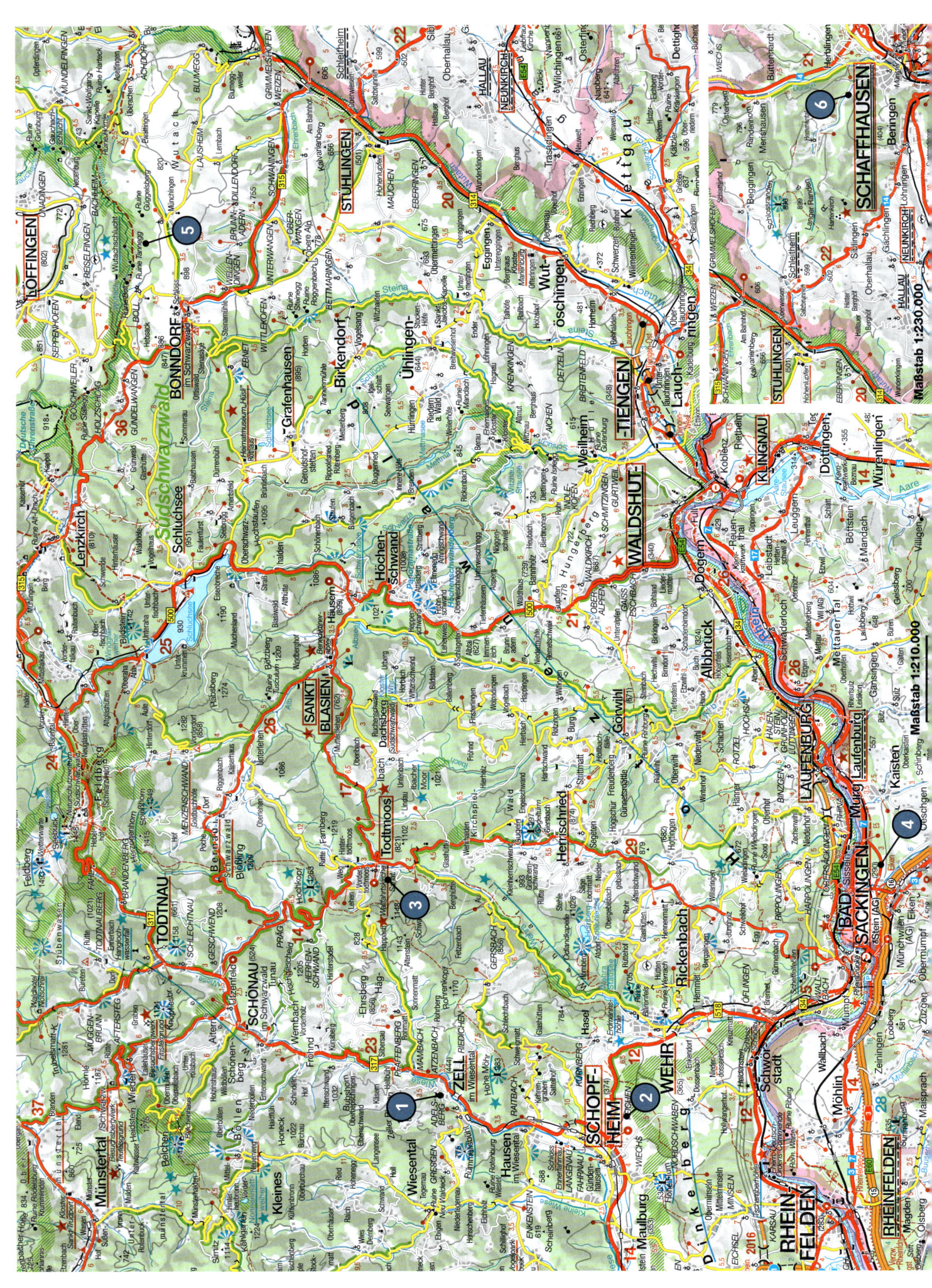

Enge Täler in Richtung Süden

Der Hotzenwald ist geprägt von tiefen Tälern und sonnigen Hochebenen. Im Osten schließt sich das Wutachtal an, das eine Fülle geologischer und botanischer Höhepunkte zu bieten hat.

➊ Wiesental

Die Wiese entspringt am Feldberg und mündet bei Basel in den Rhein. Dank Wasserkraft und günstiger Nähe zur Schweiz und zu Frankreich entwickelte sich im 19. und 20. Jh. im Wiesental Textilindustrie. Nach dem Rückzug der Textilfabriken siedelten sich Maschinenbauer an.

MUSEEN
Im **Wiesentäler Textilmuseum** wird das Spulen, Spinnen und Weben auf alten Maschinen vorgeführt (Teichstr. 4, Zell, www. wiesentaler-textilmuseum.de; März–Nov. Di. 14.00–17.00, Mi. 17.00–19.00, Sa. und So. 10.00–12.00 Uhr).

ERLEBEN
Zwischen Mai und Okt. fährt an Wochenenden und Feiertagen der Radbus der Bahn von Zell auf den **Feldberg**. Vom „Höchsten" aus kann man dann entspannt oder rasant durchs Wiesental auf zwei Rädern zurückfahren (www. suedbadenbus.de). An den Versen „Die Wiese" des alemannischen Mundartdichters Johann Peter Hebel (1760–1826) orientiert sich ein 60 km langer **literaturhistorischer Wanderweg** von der Quelle am Feldberg durchs Wiesental bis nach Basel.

HOTELS/RESTAURANTS
Die Lage ist sensationell, das Essen regional bestimmt: Im € € **Berggasthof Schlüssel** findet man Weitblick beim Essen, ruhige Zimmer und einen guten Ausgangspunkt für Wanderungen (79669 Zell-Pfaffenberg, Tel. 07625 3 75, www. berggasthof-schluessel.de).

INFORMATION
Zeller Bergland Tourismus
Schopfheimer Str. 3
79669 Zell im Wiesental
Tel. 07625 92 40 92, www.zeller-bergland.de

➋ Schopfheim

Schon früh siedelten sich Industriebetriebe in der Stadt (19 000 Einw.; Stadtrecht um 1250) am Ausgang des Wiesentales an, um dort die Wasserkraft zu nutzen.

Ein mächtiges Dach ist typisch für das Schwarzwaldhaus, hier im Wehratal. Bizarre Tropfsteinwelt: Erdmannshöhle bei Hasel

SEHENSWERT
Die ehem. **Stadtkirche St. Martin** in der Altstadt stammt vornehmlich aus dem 15. Jh. Bei Ausgrabungen wurden Grundmauern einer romanischen Kirche entdeckt und am Chor Wandmalereien aus dem 13. Jh. freigelegt. Nach Nutzung als Heimatmuseum und Veranstaltungszentrum werden nun auch wieder Gottesdienste abgehalten. Adelige und bürgerliche Wohnkultur ist das Hauptthema des **Stadtmuseums** (Wallstr. 10; Mi. 14.00–17.00, Sa. 10.00–17.00, So. 11.00–17.00 Uhr).

RESTAURANTS
Das in Rot und Weiß gestaltete Innere der € € **Alten Stadtmühle** erinnert an ein französisches Landgasthaus und verweist auch auf die französisch geprägte Küche (Entegaststr. 9, Schopfheim, Tel. 07622 24 46, www.altestadt muehle.info; Mo. Ruhetag).

UMGEBUNG
Nicht immer ist der Richtung Bad Säckingen gelegene **Eichener See** zu sehen, ein Karst-

see, der nur bei hohem Grundwasserstand Wasser führt. 40 m unter der Erdoberfläche steht das Grundwasser in einer Höhle. Nach langen Regenzeiten oder nach der Schneeschmelze wird das Wasser nach oben gedrückt und bildet dann für mehrere Wochen oder auch Monate den bis zu 3 m tiefen See. Er hat oberirdisch weder Zu- noch Abfluss.
Gersbach (östl.) lag an einem 200 km langen, von Markgraf Ludwig von Baden 1692–1701 errichteten Befestigungssystem gegen die immer wieder einfallenden französischen Truppen. Überreste sind eine restaurierte Sechseck-Schanze mit Wach- und Signalturm. 10 km lang ist der Schanzenweg, der am Infohaus am Ortseingang (von Schopfheim kommend) beginnt. Die Gersbacher Glashütten boten 600 Jahre lang vielen Wiesentälern Arbeitsplätze. Das Wald- und Glaszentrum erinnert an die regionale Tradition der Wander-Glashütten und an das Gewerbe der Köhler und Harzer bzw. Pechsieder (Wehratalstr. 10; Mo., Mi. 8.00 bis 12.00, Do. 15.00–18.00, Sa. 7.30–12.00, So. 15.00–17.00 Uhr).

Tosende Wassermassen am Rheinfall in Schaffhausen

INFORMATION

Tourist-Information, Hauptstr. 23
79650 Schopfheim, Tel. 07622 39 61 45
www.schopfheim.de

❸ Wehratal

In **Todtmoos** entspringt die Wehra, die ein wildromantisches Tal in den Fels gegraben hat, das bis zum Rhein führt. Unter Schlittenhundeführern ist der heilklimatische Kurort (2000 Einw.) bestens bekannt. Hier trifft sich jedes Jahr Ende Januar die Weltelite zu Schlittenhunderennen. **Wehr**, die Geburtsstadt der weltberühmten Geigerin Anne-Sophie Mutter, wurde erstmals 1092 erwähnt und in der Neuzeit von der Textilindustrie geprägt.

Tipp

Warm und bequem

Nicht nur an Hexenfüßen machen sich Strohschuhe gut. Ob aus Roggen- oder Maisstroh, aus Naturbast oder Jute wärmen die rustikalen Pantoffeln auch auf der Berghütte oder zu Hause. Einst waren sie vor allem an den Füßen armer Leute zu finden, da die verwendeten Materialien billig zu haben waren. 10 bis 12 m Strohgeflecht, Stoffreste, Leder- oder Gummistreifen sowie festes Garn reichen aus, um einen Strohschuh über die Leisten zu ziehen. Heute tragen vor allem die Hexen der schwäbisch-alemannischen Fasnet Strohschuhe, aber auch Nicht-Narren können diese an vielen Orten kaufen.

BEZUGSQUELLEN
www.strohschuhe-hexenschuhe.de

MUSEEN
250 Jahre ist das **Heimethus** in Todtmoos alt. Unter dem mit Schindeln gedeckten Dach sieht man Zeugnisse bäuerlichen Lebens und Heimatkundliches. Jeden Monat Glasbläser-Vorführung (Murgtalstr. 15, Juni–Sept. Di., Mi., Fr. , So., Fei. 14.30–17.00 Uhr, sonst nur Mi., Fr.). An die Zeit der Postkutschen erinnern Heidi und Joachim Behringer mit **Kutsch- und Planwagenfahrt** im Murgtal (Kirchbergstr. 12, 79730 Murg-Hänner, östl. Bad Säckingen, www.murgtal-fahrten.de; Di.–Sa.)

RESTAURANTS
Der kleine Flugplatz Hütten (östl.) ist in Fliegerkreisen bekannt, da dort an Pfingsten ein internationaler Segelflugwettbewerb stattfindet. Von der Terrasse der € **Fliegerklause** aus hat man nicht nur einen Blick auf den Flugbetrieb, sondern auch häufig auf die Alpen (Rickenbach- Rüttehof, Tel. 07765 4 64, www.lg-hotzenwald.de).

UMGEBUNG
Erdmännchen und -weibchen sollen hier in den Sälen unter der Erde gelebt haben – erzählt die Sage. Und damit hatte die geologisch höchst interessante **Erdmannshöhle** bei Hasel auch schon ihren Namen. Von der mehr als 2 km langen Höhle sind 360 m zugänglich (www.gemeinde-hasel.de, Tel. 07762 80 99 01; Mitte Mai–Mitte Sept. tgl. 10.00–17.00, Ostern–Mitte Mai und Sept., Okt. Sa., So., Fei. 10.00–17.00 Uhr, werktags bis 15.00 Uhr, warm anziehen empfohlen). Der **Wanderweg Murgtalpfad** (23 km) führt von Todtmoos nach Bad Säckingen. In **Herrischried** geht es vorbei an einem der ältesten Bauernhöfe des Schwarzwalds (1424); der strohgedeckte Klausenhof ist Heimatmuseum mit Säge, Schmiede, Wagenschopf, Bauerngarten und Backhaus (Am Gerhard-Jung-Platz 1; Mai–Okt. Mi., Sa., So. und Fei. 14.30–17.30, Jan.–April So., Fei. 14.30 bis 17.30 Uhr). In **Rickenbach** ist das Energiemuseum der Wasserkraftnutzung von der Frühzeit bis heute gewidmet (Im Schlag 4, www.energie museum-rickenbach.de; März–Nov. So. 14.00 bis 16.00 Uhr). Die Glasfenster und das Altarbild der Rickenbacher Pfarrkirche zählen zu den bedeutendsten Arbeiten des überwiegend in Süddeutschland tätig gewesenen Karlsruher Künstlers Emil Wachter (1921–2012) und zeigen Szenen aus dem Alten und Neuen Testament.

INFORMATION
Tourist-Information, Wehratalstr. 19
79682 Todtmoos, Tel. 07674 9 06 00
www.todtmoos.de

❹ Bad Säckingen

Joseph Victor von Scheffel hat der Stadt (17 000 Einw.) mit seinem „Trompeter von Säckingen" ein literarisches Denkmal gesetzt. Im 19. Jh. eine Industriestadt, in der Schweizer Unternehmer zu niedrigeren Kosten als in der Schweiz produzieren ließen – bis 1970 schloss Textilbetrieb nach Textilbetrieb –, setzt man heute auf den Thermalkurbetrieb (www.aqulon -therme.de).

SEHENSWERT
Aus dem 13. Jh. ist die früheste **Brücke** über den Rhein bekannt. Im 16. Jh. ersetzte man die Holz- durch Steinpfeiler. Die heutige Holzkonstruktion der längsten gedeckten Holzbrücke Europas (203 m) stammt aus dem 18. Jh. Im **Schloss Schönau** (um 1600) sind Dokumente zur Stadtgeschichte und zur Ur- und Frühgeschichte des Hochrheins zu sehen sowie eine umfangreiche Trompetensammlung (Schönaugasse, www.trompetenmuseum.de; Mai–Sept. Di.–Do. und So. 14.00–17.00, sonst Di., Do. und So. 14.00–17.00 Uhr).

UMGEBUNG
Das **Albtal** ist die kürzeste Verbindung zwischen St. Blasien und dem Hochrhein bei Albbruck und dank zahlreicher Tunnel und Galerien eine der eindrucksvollsten Gebirgsstraßen.

INFORMATION
Tourismus Gesellschaft
Waldshuter Str. 20
79713 Bad Säckingen, Tel. 07761 56 83 0
www.bad-saeckingen.de

❺ Wutachtal

Dass die Wutach nach Süden zum Rhein fließt, ist erdgeschichtlich gesehen noch relativ jung. Zuvor strebte sie der Donau zu. Besonders eindrucksvoll ist die **Schlucht** TOPZIEL nördl. Bonndorf (s. auch Aktiv S. 101).

SEHENSWERT

Ein im 16. Jh. errichtetes Schloss bildet das Zentrum des Schwarzwaldstädtchens **Bonndorf** und war einst Sommerresidenz der Fürstäbte von St. Blasien. Fürstabt Martin Gerbert II. gründete hier 1765 die Waisenkasse, die spätere Sparkasse Bonndorf und damit zweitälteste Sparkasse Deutschlands. Das Schloss ist heute Kulturzentrum des Landkreises Waldshut und beherbergt die Narrenstuben, die ganzjährig einen Einblick in die Fasnet geben (Schlossstr. 9; Jan.–Okt. Do.–Sa. 10.00 bis 12.00 und 14.00–17.00, So. 14.00–17.00, Nov., Dez. nur Do., Sa. Uhr).

UMGEBUNG

Das Heimatmuseum Hüsli in **Rothaus** vermittelt einen Eindruck vom ländlichen Leben Anfang des 20. Jh.; in den 1980er-Jahren wurde es durch die Fernsehserie „Die Schwarzwaldklinik" als Wohnhaus von Professor Brinkmann bekannt (Hüsli 1, Grafenhausen-Rothaus; Jan. bis Okt. Di. 13.30–17.00, Mi.–So. 10.00–12.00 und 13.30–17.00 Uhr). Der nördl. Teil des Naturbadesees Schlüchtsee mit seinen Seerosen steht unter Naturschutz, aber ansonsten darf man sich nach Herzenslust im Wasser tummeln und auf der Liegewiese ausruhen.

❻ Schaffhausen

Schaffhausen besitzt zwar eine ansehnliche mittelalterliche Altstadt, doch es ist der Rheinfall, der die meisten Reisenden hierher zieht. Um 1000 entstand der Ort, da der Rheinfall den Wasserweg vom Bodensee Richtung Westen unterbrach und einen Umlade- und Stapelplatz samt Landtransport der Waren erzwang.

SEHENSWERT

In der **Altstadt** mit zahlreichen sehenswerten Bürgerhäusern sind das **Kloster Allerheiligen** und das **Münster** zu finden. Das ehem. Benediktinerkloster wurde 1049 gegründet und nach der Reformation aufgelöst; in seinen teilweise noch mittelalterlichen Gebäuden ist das natur- und kunstgeschichtliche **Museum zu Allerheiligen** untergebracht (Klosterstr. 16, www.allerheiligen.ch; Di.–So. 11.00–17.00 Uhr). Die romanische Münsterkirche wurde 1095 geweiht. Die Stadt wird von der im 16. Jh. auf einem Weinberg errichteten Festungsanlage **Munot** überragt; der Rundblick ist eindrucksvoll.

ERLEBEN

Der **Rheinfall** TOPZIEL beeindruckt Jahr für Jahr Millionen Menschen, die mit Ausflugsschiffen dicht an das 15 000 Jahre alte Naturdenkmal heranfahren können (Abfahrten von Schlössli Wörth und Schloss Laufen April–Okt. tgl., www.rheinfall.ch).

INFORMATION

Schaffhauserland Tourismus
Herrenacker 15
8201 Schaffhausen, Tel. +41 52 632 40 20
www.schaffhauserland.ch

Mal weit weg sein

Kein Hupen, kein Bremsenquietschen, höchstens einmal ein Flugzeug ganz hoch oben. Stattdessen Wasserrauschen und Vogelgezwitscher: Für Stunden kann man in der Wutachschlucht in eine Geräuschkulisse eintauchen, die ganz weit weg ist von den sogenannten Errungenschaften der Zivilisation.

Von weit oben kommt die Wutach. Als Seebach fließt sie vom Feldsee am Fuße des Feldbergs zum Titisee, den sie als „gute Ach" oder Gutach wieder verlässt. Erst beim Zusammenfluss mit der Haslach südöstlich vom Titisee wird sie zur „wütenden Ach" oder Wutach und hat sich im Laufe der Jahrtausende tief in die Landschaft eingegraben. Dem letzten ungebändigten Mittelgebirgsfluss Deutschlands kann man in drei Abschnitten folgen. Der schönste ist sicherlich die Wutachschlucht zwischen Schatten- und Wutachmühle. Die gewaltige Erosionskraft der Wutach hat dort Gesteinsschichten frei gelegt, die aus dem Erdmittelalter stammen. Da zwischen den hohen Steilwänden ein immerfeuchtes Klima herrscht, ist es selbst im Sommer an manchen Stellen rutschig. Man sollte also auf alle Fälle festes Schuhwerk tragen.

Mehr als 600 Schmetterlingsarten haben Biologen in der wildromantischen Schlucht gezählt und seltene Vögel wie den Wespenbussard und Eisvogel gesichtet. Riesige Farn- und Blütenpflanzen vermitteln einen Eindruck von Urwald in dem 950 Hektar großen Naturschutzgebiet.

Weitere Informationen

Die **Wutachschlucht** kann zwischen Mai und Okt. gut in Abschnitten von 10 bis 15 km Länge (3–5 Std.) begangen werden (www.wutachschlucht.de). In dieser Zeit fährt auch der **Wanderbus** (www.suedbadenbus.de). Eventuelle Streckensperrungen der Schlucht: www.wutach.org

Verpflegung sollte man einpacken, da es keine Einkehrmöglichkeiten gibt.

Von Juli bis Sept. führt dienstags ein **Ranger** durch die Schlucht (Anmeldung Tel. 07703 91 94 12; Treffpunkt Wanderparkplatz Boll, 10.00 Uhr).

Die Wutachschlucht gehört zu den wildesten Orten im Schwarzwald. Wer hier wandert, muss ein Mindestmaß an Kondition und Trittsicherheit mitbringen.

In klarer Höhe

Der östliche Rand des Schwarzwalds ist keine Gegend für Reben, Spargel oder Erdbeeren. Rau ist es auf der Baar, wo sich der Schwarzwald abflacht und in sanfte Hügel übergeht. Der Horizont ist weit weg – aber wenn sich die morgendlichen Nebelschwaden gehoben haben, sieht man bis zu den Schweizer Alpen. Einfach grandios.

An Fasnet gehören Rottweils Straßen den Narren.

Die aus dem 18. Jahrhundert stammende frühere Augustinerklosterkirche
dient heute kulturellen Veranstaltungen: Oberndorf am Neckar.

Zentrum Rottweils ist die bürgerlichen Wohlstand
ausstrahlende Hauptstraße.

In Donaueschingen ist die Donauquelle zu finden –
im Hintergrund das barocke Schloss.

Das Rottweiler Heilig-Kreuz-Münster ist für seine Ausstattung bekannt. Besonders
sehenswert sind das Gewölbe im Südschiff und die „Rottweiler Madonna".

Wenn in der Rheinebene schon alles in Blüte steht, ist es auf der Baar noch ziemlich kahl. Aber die Bewohner der Hochebene haben einen guten Ausgleich für die frühe Blüte im Tal. Sonnenstunden im Winter, während im Tal der Nebel hängt und man fast sehen kann, wie dick die Luft da unten ist. Dann atmet man auf der Baar tief durch. Das reizmilde, voralpine Höhenklima hat Bad Dürrheim den Titel „heilklimatischer Kurort" eingebracht. Für Menschen mit Atemwegserkrankungen eine Wohltat, ebenso wie die Solebäder. Als man 1822 das große Salzlager unter Dürrheim entdeckte, dachte noch keiner daran, dass dadurch der Ort rund 100 Jahre später zum „Bad" geadelt werden würde. Die Salinenanlage, heute Haus des Bürgers und Haus des Gastes, wurde für die Produktion von Speisesalz gebaut. Die Wandlung zum Badeort setzte erst gegen 1890 ein.

Gelebte Traditionen

Mit der Figur des Salzhansel haben die Dürrheimer den Bodenschatz ihrer Stadt in die Fastnacht aufgenommen. Je nach Körpergröße werden bis zu 1000 Säckchen gebraucht, um das Häs, wie das Kostüm in der schwäbisch-alemannischen Fastnacht heißt, zu nähen. Alle sind mit Salz gefüllt, und entsprechend schwer haben die Narren zu tragen. Während des Jahres sind die „Salzhansele" und mehr als 300 weitere Figuren im „Narrenschopf" zu sehen, dem Fastnachtsmuseum der schwäbisch-alemannischen Narrenzünfte im Kurpark von Bad Dürrheim. Seine markanten Kuppeldächer stammen von einer stillgelegten Saline in Rottweil.

Die Fastnacht ist eine der Traditionen, von denen auf der Baar noch viele gepflegt werden. Man feiert Kirchweih, stellt bunt geschmückte Maibäume auf oder trifft sich bei einem der zahlreichen Feste der Vereine. Kurz nach Pfingsten, am Tag vor Fronleichnam, schwärmen die Hüfinger aus und pflücken kiloweise Wiesenblumen. Mit diesen legen sie am

Auf der Sauschwänzlebahn st alles möglich – auch eine Heizerin.

Das Biesenbach-Viadukt nordwestlich von Epfenhofen zeigt sich als imposante Bogenbrücke von 252 Metern Länge.

Das Villinger Münster ist nicht nur architektonisch interessant, es besitzt auch ein eindrucksvolles Glockenspiel.

Bis heute ein Jungentraum: Lokführer auf
der Sauschwänzlebahn

Feiertag noch vor Sonnenaufgang einen
bis zu 600 Meter langen, herrlich-bunten
Blumenteppich für die spätere Prozession.

Älteste Stadt

Was Traditionen angeht, hält die alte
Reichsstadt Rottweil die Fahne ebenfalls
sehr hoch. Schon am 1. Januar geht es los
mit dem Neujahrsschießen der historischen Bürgerwehr. Lautstark begrüßen
die kleinen Kanonen das neue Jahr mit
allem, was es bringen mag. An der Fasnet kann man dann hören, was das alte
Jahr so gebracht hat, wenn die Narren
einzelnen Bürgern am Straßenrand dies
und das aus ihren Büchlein aufsagen.
Und das alles vor den nahezu unversehr-
ten Patrizierhäusern an der Hauptstraße.
Erker und Stechschilder kennzeichnen
die alten Gebäude. Die Schilder, kunst-
volle schmiedeeiserne Gebilde, waren im
16. Jahrhundert vorgeschrieben, damit
man erkennen konnte, welches Hand-
werk in welchem Haus seine Heimat
hatte.

So althergebracht Rottweil auch wirkt,
die heutige Stadt ist eine Staufergrün-
dung und jüngster Spross einer langen
Entwicklung. Siedlungsspuren weisen
4000 Jahre zurück – Rottweil darf sich
damit älteste Stadt Baden-Württembergs
nennen.

Verbindung der Gegensätze

Wesentlich jünger ist die Bindestrich-Stadt Villingen-Schwenningen.
Im Zug der Gemeindereform wurde hier
1972 zusammengefügt, was eigentlich
nicht zusammen gehörte. Auf der einen
Seite die Zähringer-Gründung Villingen,
eine stolze Stadt, badisch und katho-
lisch. Auf der anderen Seite das eher
dörfliche Schwenningen, württember-
gisch, protestantisch und nur dank seiner Uhrenindustrie bedeutsam.

Es gab Zeiten, da nannte sich Schwenningen „größte Uhrenstadt der Welt."
1855 hatte Johannes Bürk die Württembergische Uhrenfabrik gegründet,
um die von ihm erfundene tragbare
Nachtwächterkontrolluhr zu bauen, der
Beginn der modernen Zeiterfassung
am Arbeitsplatz. Zur Blüte brachte die
Uhrenherstellung allerdings die Produktion der – heute muss man das Wort
hinzufügen – analogen Wecker, wie er
einst auf nahezu jedem Nachtschrank
stand, Standardprodukt ab Ende des
19. Jahrhunderts. Heute ist die Uhrenfabrik ein Museum, und damit gleich
klar ist, wo man sich befindet, darf jeder
Besucher seine Besuchszeit auf einer
Stempelkarte erfassen.

Ebenfalls allein zu Schwenningen gehört der Neckar. Er entspringt im Naturdenkmal Schwenninger Moos im Süden

der Stadt. Ende der 1970er-Jahre war das
5000 Jahre alte Hochmoor stark bedroht,
Straßen und Parkplätze rückten immer
näher. Es drohte auszutrocknen und zu
verwalden. 1983 begann die Sanierung,
doch die Erholungsphase eines Mooses
ist sehr langwierig. Über Stege kann
man es erwandern und sieht dabei auch
noch die Grenzsteine, die einst Baden
von Württemberg getrennt haben.

Mit fürstlichem Glanz

Die Brigach verbindet Villingen-Schwenningen mit dem noch immer stark von
der fürstlich Fürstenberger Familie geprägten Donaueschingen. Im 13. Jahrhundert errichteten sie hier die Burg
Fürstenberg, wenig später gründeten sie
die gleichnamige Brauerei, und seit 1723
ist das Donaueschinger Schloss Residenz
der Familie. An bestimmten Sonntagen
dürfen auch Bürgerliche Einblick in das
fürstliche Leben nehmen.

Im benachbarten Kurpark lädt die
gefasste Donauquelle zu einem Blick
ins noch unbelastet glasklare Wasser.
Die Skulptur der Mutter Baar hält ihre
Tochter Donau im Arm und weist ihr vo-
rausschauend den Weg nach Osten. Der
eigentliche Zusammenfluss von Brigach
und Breg, die nach der Schulweisheit die
Donau „zuweg bringen", liegt allerdings
etwas östlich von Donaueschingen.

FASNET

Alles andere als Karneval

Am längsten von allen Figuren treibt der Teufel sein Unwesen in der schwäbisch-alemannischen Fasnet. Wenn es am Dreikönigstag heißt: „'s goht dagega," steht er ebenso parat wie die vielfältigen anderen Hästräger in den unzähligen Narrennestern im Ländle.

Kalt ist es eigentlich immer, und je nachdem wie früh Ostern und damit die Fastnachtszeit im Jahr liegt, ist es auch noch dunkel, wenn die Rottweiler und ihre Gäste sich am frühen Morgen entlang der historischen Hauptstraße aufreihen. Kein Mensch grüßt den anderen mit einem „guten Morgen". „Hu-hu-hu-hu" rufen sie sich von Fenstern und Balkonen und auf der Straße zu, die meisten dick eingemummelt, die wenigsten verkleidet. Kurz vor acht wird es dann allmählich ruhiger, schließlich will keiner die Glockenschläge verpassen, die den Beginn des historischen Narrensprungs ankündigen. „Sie kommet", raunt es durch die Menge. Hoch zu Ross passieren Reiter das Schwarze Tor, begleitet von der Jugend der Stadtkapelle, die den „Alten Jägermarsch" spielen. Für Stunden wird keine andere Musik in den Straßen der alten Reichsstadt zu hören sein als diese Melodie im Wechsel mit dem Rottweiler Narrenmarsch.

Sogar in der Tagesschau

Der Rottweiler Narrensprung steht wie keine andere Veranstaltung für die Fasnet im Süden und schafft es am Rosenmontag häufig in die Tagesschau neben die Karnevalshochburgen am Rhein. Kein Wunder, dass am frühen Montagmorgen immer viel, vor allem politische, Prominenz den

Weg in Baden-Württembergs älteste Stadt findet. Von den Einheimischen bevorzugen manche deshalb die Narrensprünge am Fastnachtsdienstag, wenn die „Großkopfeten" schon wieder weiter gezogen sind.

Feste Ordnung

So bunt die Narrenschar auch ist, der Ablauf des Rottweiler Narrensprungs folgt einer festen Ordnung. Nach der Jugendkapelle führt „Till" den Narrensamen, verkleidet als Bajasse, durch das Schwarze Tor. Dahinter wird es wild, denn zwei „Rössle" tauchen mit ihren peitschenschlagenden Treibern auf. Sie sind die Vorhut der historischen Narrenschar, angeführt vom Narrenengel, der das Motto der Rottweiler Fasnet mit sich trägt: „Niemand zu Leid – jedem zur Freud". Das beherzigen auch Gschell, Biss, Fransenkleidle und Schantle, wenn sie mit ihren großen Büchern auf den einen oder anderen zugehen und ihm „aufsagen". Da kommen dann in Reimform Missgeschicke oder andere Ereignisse des abgelaufenen Jahres zum öffentlichen Vortrag. Immer zur Freud? „Naso, kugelrund – d' Stadtleut sind wieder älle xond", rufen die Kinder, bis die Narren auf sie aufmerksam werden und ihnen ein paar Süßigkeiten in die Hand drücken oder der Federahannes angestürmt kommt und sie mit einem parfümierten Wedel „abstaubt".

Ein „Federahannes" beim Narrensprung in Rottweil, dem Überrest eines früheren Narrentanzes. Auch in Elzach sind am Fasnachtssonntag die Narren los beim großen Schuttigumzug, zur Freude auch der Kinder (ganz oben).

Rottweil am Rosenmontag: Ein „Gschell" verteilt Brezeln an die Zuschauer.

So chaotisch das Narrentreiben mancherorts auch wirkt, es folgt immer einem strengen Reglement.

Auffällige Kopfbedeckung: Schuttigumzug am Fastnachtssonntag in Elzach (rechts). „Fransenkleidle" beim Rottweiler Narrensprung-Umzug (S. 111).

Fasnet boomt

Ende des 19. und Anfang des 20. Jahrhunderts hat sich die schwäbisch-alemannische Fasnet allmählich wieder vom rheinischen Karneval abgesetzt, der für einige Jahrzehnte mit seinen Bällen und Saalfastnachten das volkstümliche Feiern verdrängt hatte. Seitdem achten die Narren-Verbände auf die Wahrung der Tradition. Die große Zahl der neugegründeten Zünfte in den vergangenen Jahren, vor allem der Boom der Hexen, gefällt einigen ganz und gar nicht. Für den Volkskundler und Fastnachtsexperten Werner Mezger kein Grund zur Aufregung. Der gebürtige Rottweiler sieht darin eher ein Zeichen dafür, wie lebendig das Brauchtum ist. Für ihn sind die Fastnachtsfiguren eines Ortes wie eine Visitenkarte, weiß man doch schnell, welche Tiere dort eine Rolle spielen, welche Persönlichkeiten dort gelebt haben oder in welcher Landschaft der Ort liegt: Schneckehüsli-Narro, Pflumeschlucker, Salzhansel, Spättlemadlee oder Tannenzäpfle sind nur wenige Beispiele für die sprechenden Namen, die den Einheimischen viel sagen.

Die Mobilität unserer Zeit hat Bewegung in die Narren gebracht. Zwischen Dreikönig und Aschermittwoch ziehen sie von Umzug zu Umzug, manchmal in ganz kleinen Gruppen. „Fastnachts-Tourismus" schimpfen Kritiker und verweisen darauf, dass die Fasnet ursprünglich ein ortsgebundenes Brauchtum war, so wie die Villinger noch heute konsequent ausschließlich in ihrer Stadt feiern. Bei den Rottweilern ist das fast genauso. Nur alle drei, vier Jahre treffen sie sich mit den Schuttigen von Elzach, den Oberndorfer Narros und den Überlinger Hänsele, den anderen Mitgliedern des sogenannten Viererbundes, der sich vor Jahrzehnten aus Protest gegen das zerfließende Brauchtum zusammengefunden hat.

Informationen

. . . .

Rottweiler Narrensprung:
Rosenmontag 8.00, Fastnachtdienstag 8.00 und 14.00 Uhr

Alle Termine der Vereinigung Schwäbisch-Alemannischer Narrenzünfte im „Narrenfahrplan" unter www.vsan.de

Fasnet ganzjährig im Museum:
Narrenschopf, Luisenstr. 41, Bad Dürrheim
www.narrenschopf.de
Di.–Sa. 14.00–17.00, So., Fei. 10.00–17.00 Uhr
Narrenstuben, Schloss Bonndorf, www.bonndorf.de
Jan.–Okt. Do.–Sa. 10.00–12.00, 14.00–17.00, So. 14.00–17.00 Uhr, Nov., Dez. nur Do., So.
Fasnetmuseum, Turmstr. 14, Freiburg
www.breisgauer-narrenzunft.de; Sa. 10.00–14.00 Uhr
Oberrheinische Narrenschau, Alte Schulstr. 20, Kenzingen
www.kenzingen.de; Jan.–Nov. Sa., So., Fei. 14.00–17.00 Uhr

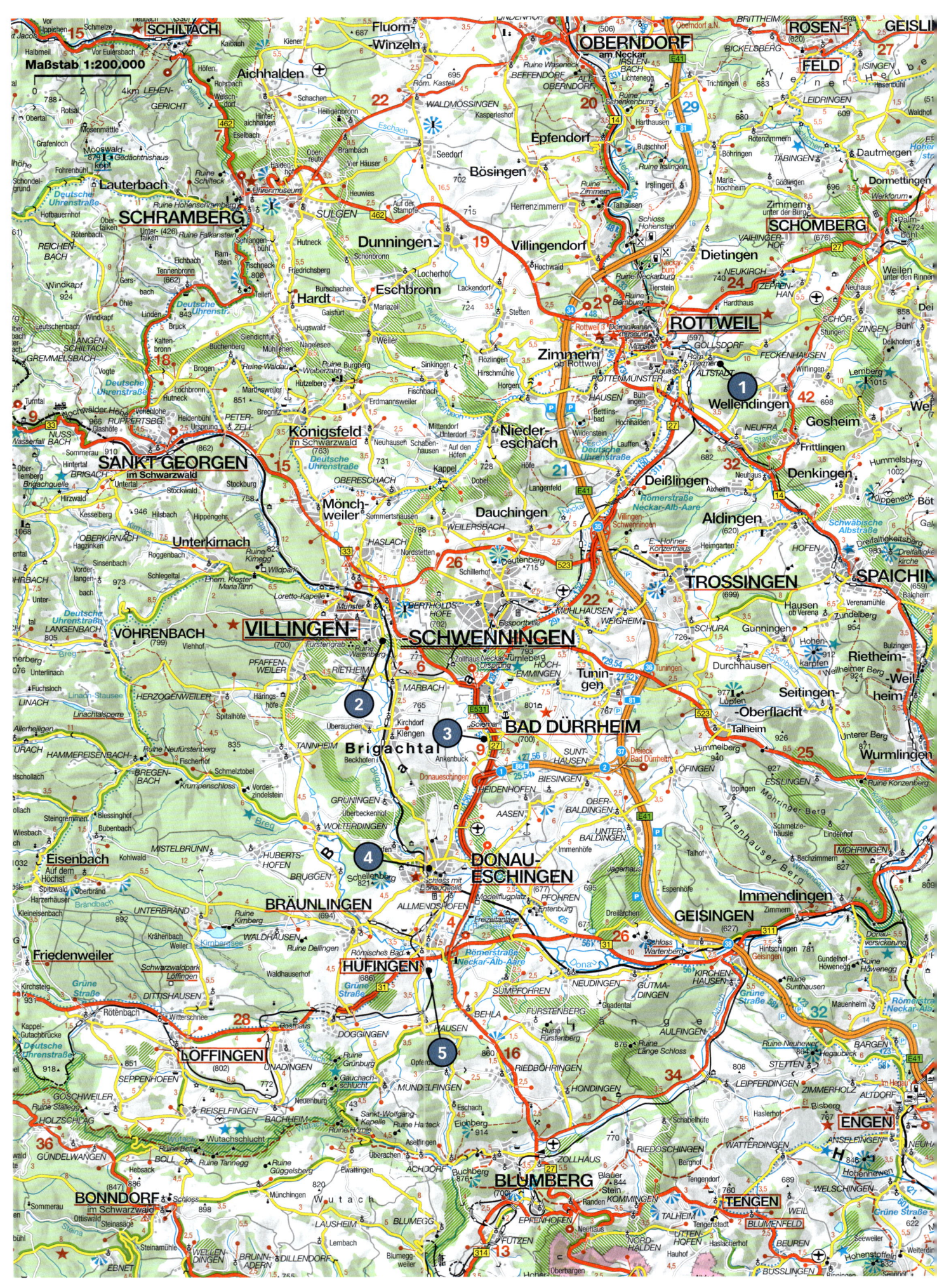

Die frische Hochebene

Zwischen Schwarzwald und Schwäbischer Alb liegt die Baar auf 670 bis 750 m über Meereshöhe. Die hier klare Luft zieht nicht nur Heilbedürftige, Wanderer und Radler an. Rottweil, Villingen-Schwenningen, Donaueschingen und Bad Dürrheim gehören auch zu den Hochburgen der alemannischen Fastnacht.

❶ Rottweil

Die Geschichte der ältesten Stadt Baden-Württembergs (25.000 Einw.) reicht zurück bis in die Zeit der „Bandkeramik" (2000 v. Chr.). Um 73 n. Chr. siedelten sich die Römer an. 771 wurde der Königshof Rotuvilla erwähnt, durch die Karolinger ein bedeutender Gerichtsort und Verwaltungszentrum. Im Spätmittelalter zählte das Rottweiler Hofgericht zu den bedeutenden in Deutschland. Die Staufer gründeten im 12. Jh. die heutige Stadt.

SEHENSWERT

Das **Heilig-Kreuz-Münster** geht auf das 13. Jh. zurück; um 1230 entstanden die drei Untergeschosse des Turms mit der Rundbodenpforte. Im 15. Jh. wurde die Kirche, die sich dem natürlichen Stadtgefälle angleicht, gotisch umgestaltet. Chor mit Sakristei und dreischiffiges Langhaus mit vielseitig verzweigten Netzgewölben entstanden. Sehenswert sind ein überlebensgroßes gotisches Kruzifix, der Apostelaltar, die Zunftlaternen und das spätgotische Gnadenbild am Marienaltar. Jede der Bankwangen (überwiegend 18. Jh.) ist unterschiedlich gestaltet.

Das **Schwarze Tor** in der Oberen Hauptstraße war Teil der staufischen Stadtbefestigung (um 1230), später um drei Gefängnis-Stockwerke aufgestockt. Nebenan liegt der **Hübsche Winkel**, ein Bürgerhaus mit einem Knick in der Fassade von 45 Grad; seinen Namen verdankt es dem reichen plastischen Schmuck. Über die **Hauptstraße** mit erkergeschmückten Patrizierhäusern gelangt man am Marktbrunnen vorbei rechts in die Hochbrücktorstraße zur **Kapellenkirche** (1320), Wahrzeichen der Stadt mit schönem gotischen Turm. Hoch über der Altstadt steht der **Hochturm**, ein staufischer Buckelquaderbau mit Rundumsicht auf Neckartal, Schwäbische Alb und Schwarzwaldvorland.

MUSEEN

Reichsstadtgeschichte und die Rottweiler Fasnet sind Themen im **Stadtmuseum** (Hauptstraße 20; Di.–So. 14.00–16.00 Uhr). Im neu gestalteten **Dominikanermuseum** bilden Römer und mittelalterliche Skulpturen den Schwerpunkt (Kriegsdamm 4, www.dominikaner museum.de; Di.–So. 10.00–17.00 Uhr). Die Geschichte der Salzgewinnung bis zur Schließung

Uhrenhandwerk im Schwenninger Heimatmuseum (oben). Brav wacht der Rottweiler vor dem Rottweiler Stadtmuseum (rechts).

der Saline 1969 zeigt das **Salinenmuseum** (Primtalstraße 19, www.saline-museum-rott weil.de; Mai–Sept. So. und Fei. 14.30–17.00 Uhr). Kindheitserinnerungen werden im **Puppen- und Spielzeugmuseum** geweckt (Hauptstr. 49, www.puppenmuseum.de; Mi.–Fr. 10.00–12.30 und 14.00–17.30, Sa. 10.00–12.30, So. und Fei. 14.00–17.00 Uhr).

HOTELS/RESTAURANTS

Mitten in der Stadt liegt das € € **Hotel Zum Sternen**, wo jeder Raum Geschichte förmlich atmet. Das Restaurant serviert feine regionale Küche (Hauptstr. 60, Tel. 07 41 53 30 0, www. haus-zum-sternen.de).

UMGEBUNG

Im **Tal der Eschach** südw. von Rottweil lassen sich eine Vielzahl Biotope entdecken, in denen seltene Tiere und Pflanzen leben. Eisenhut, Türkenbund-Lilie, Märzenbecher, ja sogar Orchideen kann man finden. Vom Schwarzen Tor in Rottweil aus folgt man ab der Schramberger Straße dem Symbol „Rotes Kreuz" bis zur Wildensteinbrücke. Dann geht es mit Hilfe der „Roten Gabel" wieder zurück in die alte Reichsstadt.

INFORMATION

Tourist-Information, Hauptstr. 21
78628 Rottweil, Tel. 0741 49 42 80
www.rottweil.de

❷ Villingen-Schwenningen

Die Bindestrich-Stadt (81.000 Einw.) brachte 1972 die 1119 gegründete badische Zähringerstadt Villingen mit dem württembergischen, im 19. Jh. industrialisierten Dorf Schwenningen zusammen. Im Gegensatz zum badischen Villingen ist Schwenningen protestantisch.

SEHENSWERT

Die **Altstadt** von Villingen mit Patrizierhäusern und Münster lädt zum Bummeln ein. Mit dem Bau des **Münsters Unserer lieben Frau** wurde 1130 romanisch begonnen, 1284 wurde es gotisch fertiggestellt, nachdem beim Stadtbrand 1271 Teile des Gebäudes zerstört worden waren. Das Glockenspiel gilt als eines der größten in Süddeutschland (10.05, 12.05, 15.05 und 18.05 Uhr). Das rechtwinklige Achsenkreuz

der Hauptstraßen ist typisch für Zähringergrün-
dungen. Die Achsen verbanden vier Stadttore
von denen das **Obertor, Riettor** und **Bicken-
tor** erhalten sind. Die innere **Stadtmauer** (um
1200) steht noch in weiten Teilen. In der Innenstadt Schwenningens ist die ev. **Stadtkirche**
das älteste Gebäude des Ortes, gefolgt vom
Pfarrhaus von 1747 in Fachwerkarchitektur.
Schwenninger Moos s. Favoriten S. 33.

MUSEEN

Villingen: Der Stadtgeschichte, dem Schwarzwald und der Fasnet widmet sich das
Franziskanermuseum (Rietgasse 2; Di.–Sa.
13.00–17.00, So. und Fei. 11.00–17.00).
Schwenningen: Das **Heimatmuseum- und
Uhrenmuseum** zeigt u.a. historische Bauern-
stuben und Schwarzwälder Uhren (Kronen-
str. 16, Do.–Sa. 13.00–17.00, So. Fei. 11.00 bis
17.00 Uhr). Industriegeschichte ist im ehem.
Gebäude der **Württembergischen Uhrenfabrik** zu erleben; Besucher erhalten Einblicke in
die Produktion eines Weckers und können im
Besucherlaboratorium die Funktions-Prinzipien
einer Uhr nachvollziehen (Bürkstraße 39, www.
uhrenindustriemuseum.de; Di.–So. 10.00 bis
12.00 und 14.00–18.00 Uhr).

RESTAURANTS

Das **€ Wirtschaft zum Schlachthof** in einem
schönen Jugendstilgebäude hat gute regionale
Küche (Schlachthausstr. 11, Villingen, Tel.
07721 878 79 35, Mo. Ruhetag).

UMGEBUNG

Trossingen (nordöstl.) setzt auf Natur und
verwandelte seine Badeanstalt in ein Naturbad

Unterwegs mit der Sauschwänzlebahn

Wie sich der Schwanz eines Schweins
ringelt, so windet sich die Eisenbahn-
strecke zwischen Zollhaus-Blumberg
und Weizen über Bögen, Kehrschleifen
und Deutschlands einzigem Spiraltun-
nel, um 2,4 % Steigung zu überwinden.
1887 bis 1890 als „Kanonenbahn" gebaut, um deutsche Soldaten schnell aus
dem Hinterland an die Grenze zu Frankreich zu bringen, war diese Bahnstre-
cke nie wirklich attraktiv. Durch die vielen Windungen und Schleifen verlän-
gern sich die 9,6 km Luftlinie auf 26 km
Schienenweg. Eisenbahnfreunde freuen
sich darüber, denn von April bis Okt.
können sie hier unter Dampf fahren.

INFORMATION
Bahnhof Zollhaus, Bahnhofstr. 1
Blumberg, nordöstl. Stühlingen
Tel. 07702 51 300
www.sauschwaenzlebahn.de

mit Sprungfelsen, Wasser-Seilbahn und Liegewiese mit alten Bäumen (www.trossingen.de;
Mai–Mitte Sept. tgl. 9.00–20.00 Uhr).

INFORMATION
Tourist-Information
Rietgasse 2, 78050 Villingen-
Schwenningen, Tel. 07721 82 25 25
www.tourismus-vs.de

❸ Bad Dürrheim

889 ersterwähnt, begann der Aufschwung von
Bad Dürrheim (13 000 Einw.) mit der Salzgewinnung im 19. Jh.

SEHENSWERT
Der nach der badischen Großherzogin Luise
benannte **Kurpark** hat einen wertvollen alten
Baumbestand und mehrere Wasserspiele.
Im **Narrenschopf** sind rund 350 Narrenfiguren
zu sehen (s. S. 110). Die Geschichte der Saline
präsentiert das **Heimatmuseum** (Salinenstr. 1;
So. 14.00–17.00 Uhr).

HOTEL UND RESTAURANT
Reichhaltiges Wellness-Angebot und gute Küche verspricht das **€ € Waldeck Spa Hotel**
(Waldstr. 18, Tel. 07726 66 31 00, www.hotel-
waldeck.com).

INFORMATION
Tourist-Information
Luisenstr. 7, 78073 Bad Dürrheim
Tel. 07726 66 62 66
www.badduerrheim.de

❹ Donaueschingen

Die ehem. Residenzstadt (1653–1806; 22 000
Einw.) und Sitz der Fürsten zu Fürstenberg ist
seit 1921 auch Heimat des ältesten Festivals
für Neue Musik, der Donaueschinger Musiktage. Nach einem Stadtbrand 1908 wurde die
Innenstadt wieder aufgebaut und ist seither
von Gebäuden des Jugendstils geprägt.

Internationales Reitturnier in Donaueschingen

SEHENSWERT
Das als Barockanlage um 1725 errichtete
Schloss TOPZIEL wurde 1893–1896 historis-
tisch umgestaltet. Da die fürstliche Familie im
Schloss wohnt, sind Besichtigungen nur an
einigen Sonntagen möglich (Termine und
Anmeldung über Tourist-Information). Während
sich das Innere des Schlosses mehr am französischen Renaissance- und Barockgeschmack
orientiert, ist der Schlosspark als englischer
Landschaftsgarten gestaltet.
Direkt beim Schloss findet sich die gefasste
Donauquelle. Am Rand des Schlossparks liegt
die **Stadtkirche St. Johann**, 1723 im böhmi-
schen Barockstil erbaut.

MUSEEN
Die **Fürstlich Fürstenbergische Sammlun-
gen** im Karlsbau neben dem Schloss zeigen
Kunstwerke von mittelalterlichen Tafelgemäl-
den und Skulpturen bis zum zeitgenössischen
Anselm Kiefer (Am Karlsplatz 7, www. fuersten-
berg-kultur.de; April bis Nov. Di.–Sa. 10.00–
13.00 und 14.00–17.00, So. und Fei. 10.00–
17.00 Uhr).
„Bitte anfassen" heißt es im **Kinder- und
Jugendmuseum**. Experimente zu den Themen
Natur, Technik und Mensch fordern zum
Mitmachen auf (Haldenstr. 5, www.kijumu-
donaueschingen.de; Di.–Fr. 14.00–17.30, Sa.,
So. und Fei. sowie Ferien 10.00–17.30 Uhr).

ERLEBEN
Weltruf genießt das **Internationale Reitturnier** im Sept. mit einem Festumzug, an dem
Reiter, Fanfarenzüge und Kutschen teilnehmen.
Internationalen Ruf haben die **Donaueschinger Musiktage** im Oktober (www.donau
eschingen.de, Karten langfristig vorbestellen!).

RESTAURANTS
Seit 1283 wird in Donaueschingen Bier gebraut.
Damals erhielt Graf Heinrich von Fürstenberg
die Stadt mit der Grafschaft Baar zum Lehen
und damit die Kontrolle über das Braurecht
(Postplatz 1, Tel. 0771 8 62 06, www.fuersten
berg.de; Besichtigung Mo.–Fr. 14.30, Sa. 11.00
Uhr nach Anmeldung). Wo schmeckt das Bier

besser als direkt an der Quelle? Das € **Bräustüble** hat nicht nur frisch gezapftes Fürstenberg, sondern auch die passenden regionalen Spezialitäten (Postplatz 1, Tel. 0771 36 69, tgl. 11.00–23.00 Uhr).

INFORMATION
Tourist-Information, Karlstr. 58
78166 Donaueschingen, Tel. 0771 85 72 21
www.donaueschingen.de

5 Hüfingen

Die Altstadt des Erholungsortes steht unter Denkmalschutz. Zunehmend leerstehende landwirtschaftliche Gebäude wurden zu Wohnungen umgebaut.

MUSEEN
Das Kastell Hüfingen bildete zu Römerzeiten den Abschluss des Donaulimes. Eine knapp 600 m² große **Thermenanlage** ist heute noch in ihrer Grundstruktur zu sehen (Mai–Okt. So. und Fei. sowie Sommerferien in Baden-Württemberg tgl. 14.00–17.00 Uhr). Ein historisches Klassenzimmer und Utensilien, mit denen Generationen von Schülern schreiben, lesen und rechnen gelernt haben, wecken im **Schulmuseum** unterschiedlichste Erinnerungen (Bahnhofstr. 1; So. und Fei. 14.00–17.00 Uhr).

ERLEBEN
Experten aus Deutschland, der Schweiz und Frankreich treffen sich zu den **Internationalen Keramikwochen** mit Töpfermarkt am 2. Sept.-Wochenende.

HOTELS/RESTAURANTS
Ein klassischer Landgasthof mit gutbürgerlicher regionaler Küche ist das € € **Rössle**. Vom Fürstenberg aus genießt man weite Blicke über den Schwarzwald (Zähringerstraße 12, 78183 Hüfingen-Fürstenberg, Tel. 07716 00 10, www.hotel-zum-roessle.de).

UMGEBUNG
Um 1200 ließen die Herzöge von Zähringen im heutigen **Bräunlingen** eine Stadt mit vier Toren, Stadtmauer und Graben bauen – auf einem Gelände, das schon die Alemannen bewohnt hatten. 1305 erhoben die Habsburger Bräunlingen zur Stadt. Das Kelnhofmuseum zeigt in einem typischen Haus der Baar Werkstätten und Arbeitsgeräte des bäuerlichen Lebens, aber auch Trachten, Wohnstuben und eine kunstgeschichtliche Sammlung (Zwingelgasse 1, www.kelnhofmuseum.de; 1. So. im Monat 14.00–17.00 Uhr). Der **Kirnbergsee** weiter westl. gilt als wärmster Badesee im Südschwarzwald (www. kirnbergsee.de).

INFORMATION
Kultur- und Informationsamt
Hauptstr. 18, 78183 Hüfingen
Tel. 0771 60 09 24, www.huefingen.de
Amt für Tourismus, Kultur und Sport
Kirchstr. 3, 78199 Bräunlingen
Tel. 07716 19 00

Genießen Erleben Erfahren

DuMont Aktiv

Tiefe Entspannung im Salz

Mal wieder so richtig tief durchatmen. Die Herausforderungen des Alltags hinter sich lassen. Einfach auf dem Wasser dahinschweben und spüren, wie leicht es sich anfühlt, wenn man nur noch ein Zehntel seines Gewichts hat. Das alles geht in der Solemar-Therme von Bad Dürrheim.

Aus rund 320 Metern Tiefe holen die Bad Dürrheimer Reste eines urzeitlichen Meeres ans Tageslicht: Sole mit einem Salzanteil von 27 Prozent. Eine so hohe Konzentration ist allerdings zu viel des Guten, und deshalb wird sie mit Süßwasser aus einer eigenen Quelle auf drei bis sieben Prozent verdünnt und auf eine Temperatur von bis zu 37 Grad erwärmt. Dann stimmen die Voraussetzungen, um Gelenke und Wirbelsäule zu entlasten, die Atemwege zu befreien und Herz und Kreislauf zu stärken.

Das erste Badehaus bauten die Dürrheimer 1851 und orientierten sich allmählich von der Salzgewinnung Richtung Gesundheit um. 1921 erhielten sie dafür das Prädikat „Bad", später sogar „Heilbad", das durch die Auszeichnung als heilklimatischer Kurort ergänzt wurde. Entlastend, stärkend und befreiend ist auch der Aufenthalt in der Toten-Meer-Salzgrotte. 45 Minuten darf man es sich auf einer Liege bequem machen, umgeben von 9500 naturreinen Salzziegeln. 23 Grad warm ist der Raum, in dem Licht- und Klangeffekte eine beruhigende Atmosphäre schaffen. Wer es gerne wärmer hat, wechselt in die Schwarzwaldsauna, die ordentlich einheizt.

Weitere Informationen
Huberstr. 8, Bad Dürrheim
www.solemar.de
Therme tgl. 9.00–22.00, Fr. bis 23.00 Uhr
Eintritt: 12,50 €, Tageskarte 13,90 €,
Familienkarte 25,50 €, Tageskarte 29,50 €
Sauna Mo.–Do. 10.00–22.00, Fr. 10.00 bis

23.00, Sa., So., Fei. 9.00–22.00 Uhr
Eintritt: 17,90 €, Tageskarte 19,90 €
Kombiticket Therme und Sauna:
19,50 €, Tageskarte 20,90 €

Restaurant tgl. 10.00–21.00 Uhr

Ein Gang in die Therme von Bad Dürrheim dient der Gesundheit wie auch der Entspannung. Ganz nebenbei bekommt man eine wunderbar glatte Haut.

Mobil im Schwarzwald: Sauschwänzlebahn (oben), E-Bike und die Belchen-Seilbahn

Service

Keine Reise ohne Planung. Auf den folgenden Seiten haben wir für Sie Wissenswertes und wichtige Informationen für Ihren Schwarzwald-Urlaub zusammengefasst.

Anreise

Mit dem Auto: Auf schnellem Weg erreicht man dank der Autobahn A 5 (Karlsruhe–Basel) über die Abfahrt Lahr das Kinzigtal, auf schönem Weg über die Abfahrt Ettenheim. Um den nördlichen Kaiserstuhl zu besuchen, empfiehlt sich die Abfahrt Riegel, für den südlichen und für das Markgräflerland ist Bad Krozingen passend, Freiburg-Mitte, wenn man nach Freiburg oder in den Hochschwarzwald will. In den Hotzenwald fährt man südl. von Efringen-Kirchen auf die A 98. Über die Autobahn A 81 (Stuttgart–Singen) erreicht man die Baar.

Mit dem Motorrad: Die teilweise sehr engen Straßen des Südschwarzwalds durch Täler und auf Gipfel sind für viele Motorradfahrer reizvolle Strecken. Die Tourismusmanager des Hochschwarzwaldes empfehlen sieben Touren zwischen 110 und 245 km Länge, um mit dem motorisierten Zweirad die Region zu erkunden (www.hochschwarzwald.de/Urlaub-im-Schwarzwald/Motorradtouren). Die frühere Rennstrecke auf den Schauinsland ist zwischen April und Okt. an Wochenenden und Feiertagen allerdings für Motorräder gesperrt.

Mit dem Zug: Das Oberrheintal ist mit der Bahn gut zu erreichen. Richtung Basel fahren sowohl ICE als auch IC, die auch in Freiburg halten. Mit dem IC Schwarzwald kommt man von Hamburg ohne umzusteigen in die Region, mit dem IC Bodensee aus dem Rhein-/Ruhr-Gebiet. Wer mindestens eine Übernachtung gebucht hat, kann ohne Zugbindung mit dem reduzierten RIT-Schwarzwald-Ticket anreisen.

Mit dem Flugzeug: Der EuroAirport Basel-Mulhouse-Freiburg wird u.a. von Berlin, Hamburg, Düsseldorf, Dresden, Frankfurt und München aus angeflogen.

Auskunft

Schwarzwald Tourismus GmbH
Habsburgerstr. 132
79104 Freiburg
Tel. 0761 89 64 60
www.schwarzwald-tourismus.info
Kinzigtal Tourismus,
Hauptstr. 38, 77716 Fischerbach
Tel. 07832 91 90 23, www.kinzigtal.com
Tourist-Information Freiburg
Rathausplatz 2, 79098 Freiburg
Tel. 0761 38 81 88 0, www.freiburg.de
Werbegemeinschaft Markgräflerland
Bismarckstr. 3, 79379 Müllheim
Tel. 07631 80 15 02
www.markgraefler-land.com
Tourismusbüro Naturgarten Kaiserstuhl
Markt-platz 16, 79206 Breisach
Tel. 07667 94 01 55
www.naturgarten-kaiserstuhl.de
Hochschwarzwald Tourismus GmbH
Freiburger Straße 1, 79856 Hinterzarten
Tel. 07652 12 06 0
www.hochschwarzwald.de
Hotzenwald Tourismus GmbH
Hauptstr. 28, 79737 Herrischried
Tel. 07764 92 00 40
www.hotzenwald-schwarzwald.de

Elektro-Mobilität

An zahlreichen Stellen gibt es im Südschwarzwald Ausleihstationen für E-Bikes und Wechselstationen für Akkus. Auf der Webseite www.ebikeschwarzwald.de sind alle Stationen verzeichnet. Da die ersten Angebote von Elektro-Smarts im Hochschwarzwald sehr gut aufgenommen wurden, soll die Flotte weiter ausgebaut werden. Wer eine Hochschwarzwald Card hat, kann sich kostenlos einen Elektro-Smart für eine Ausflugsfahrt ausleihen.

Ermäßigungen

Mit der **KONUS-Gästekarte** – Konus bedeutet Kostenlose Nutzung des ÖPNV im Schwarzwald – fahren Urlauber im Schwarzwald kostenlos Bus und Bahn. Mehr als 10 000 Gastgeber in fast 140 Schwarzwald-Gemeinden überreichen diese kostenlose Karte den Urlaubsgästen bei der Ankunft. Beinhaltet sind auch Preisvorteile bei zahlreichen touristischen Attraktionen (www.konus-schwarzwald.de).
Ab zwei Übernachtungen halten mehr als 260 Gastgeber im Hochschwarzwald für ihre Gäste die **Hochschwarzwald Card** bereit, die freie Fahrt mit Bergliften oder mit Booten auf dem Titisee und dem Schluchsee beinhaltet, freien Eintritt in zahlreiche Freizeiteinrichtungen und Zugang zu einem der Elektro-Smarts, die bei mehreren Gastgebern stationiert sind (www.hochschwarzwald.de).
Die **SchwarzwaldCard** bietet Eintritt in verschiedene Attraktionen der Region und Ermäßigungen. Es gibt auch eine (teurere) Version, die einen Besuch im Europa Park in Rust einschließt. Man sollte genau durchrechnen, ob sich die lohnt (www.schwarzwald-tourismus.info/Service/SchwarzwaldCard; für drei frei wählbare Tage Erwachsene 35 €, Kinder 25 €, Familien 107 €).

HIER EINE DER LETZTEN INVESTITIONSMÖGLICHKEITEN VOR DER SCHWEIZER GRENZE.

GUT BERNECK IST DAS ZUHAUSE VON PERFEKTION UND PRÄZISION.
MANUFACTURING HIGH TIME. LEHMANN-UHREN.COM

Ein handfestes Vesper mit Schwarzwälder Schinken

Wer gerne in Museen geht, sollte sich den **Oberrheinischen Museumspass** kaufen, der zum Preis von 98 € ein Jahr lang freien Eintritt in rund 320 Museen bietet. Das kann sich schon bei einem zweiwöchigen Urlaub lohnen (www.museumspass.com).

Essen und Trinken

Gerichte: Der Südschwarzwald bietet für jeden Gaumen und jeden Geldbeutel kulinarische Erlebnisse. In den **Restaurants der Naturpark-wirte** (Übersicht auf www.naturpark-sued-schwarzwald.de/essen-trinken), die sich der Landschaftspflege mit Messer und Gabel verschrieben haben, stehen mindestens drei regionale Gerichte und ein regionales Menu auf der Speisekarte. Die Wirte arbeiten mit den Erzeugern vor Ort zusammen. **Schwarzwald-forellen** oder **Wild** aus heimischer Jagd gehören zum Angebot, ebenso wie die im Badischen sehr beliebten Gerichte aus **Innereien** wie Kutteln oder saure Nierle, die in der Regel mit **Brägele** (Bratkartoffeln) serviert werden. Kommt Rind auf den Tisch, so stammt es häufig vom **Hinterwälder Weiderind**, der kleinsten Rinderrasse Europas, die vor allem auf kleinen, steilen Parzellen gut leben kann. Rinderrouladen, gefüllt mit Zwiebeln, Speck und sauren Gurken oder Nudelsuppe mit Rindfleisch, Tafelspitz mit Meerrettichsoße und Gemüse oder Steaks – das Weiderind ist nicht nur gut, um die Verbuschung der Wiesen aufzuhalten, sondern schmeckt auch und wird oft in Begleitung handgeschabter **Spätzle** serviert. Auf den Weiden leben **Zicklein** und Lamm, die die Küche im Schwarzwald nicht nur durch Käse bereichern, sondern auch als Braten. **Schwein** wird vor allem gerne als **Schäufele** (gepökelte Schweineschulter) mit Kartoffelsalat oder Bauernbrot gegessen. Der Einfluss der französischen und Schweizer Küche ist vor allem entlang der Grenzen deutlich zu schmecken. Wärmende **Suppen** sind nicht nur zur kalten Jahreszeit willkommen. **Flädlesuppe** (klare Rinderbrühe mit Pfannkuchenstreifen), Markklößchensuppe, Kartoffel- oder Schneckensuppe sind ein paar Beispiele aus der reichhaltigen Suppenküche.

Der geräucherte **Schwarzwälder Schinken** liegt auf Vesperplatten neben Blut- und Leberwurst und Schwartenmagen (Presssack). Meist findet sich auf den Platten ein Stück Käse von einem der Bauernhöfe. Selbstverständlich gibt es dazu Bauernbrot aus dem Holzofen. Schinken und Wurst in Dosen sind beliebte Mitbringsel.

Für die Kaffeezeit empfiehlt sich die üppige **Schwarzwälder Kirschtorte**. Jeder Konditor hat sein eigenes Rezept, aber dunkle Bisquitböden, getränkt mit Kirschwasser, Schattenmorellen und viel Sahne sind immer dabei. Wer es leichter mag, nimmt Heidelbeer- oder Käsekuchen oder ofenfrischen Hefezopf.

Märkte und Hofläden: Direkt beim Erzeuger kann man in zahlreichen Bauernhofläden oder auf den örtlichen Wochenmärkten einkaufen, u. a. den dunklen, aromatischen Tannenhonig. Von April bis Okt. bieten an Sonntagen Naturpark-Märkte an wechselnden Orten neben Produkten der Region auch Einblicke in alte Handwerkstechniken (www.naturpark-suedschwarz wald.de; www.echt-schwarzwald.de).

Getränke: Wein gehört in den Restaurants des Südschwarzwaldes zum guten Essen. Vor allem Erzeugnisse der Winzer von Kaiserstuhl und Tuniberg, aus dem Markgräflerland und aus dem Glottertal finden sich auf den Weinkarten. Als Aperitif ein Glas **Winzersekt** und zum Digestif ein **Kirschwasser** oder einen Schnaps aus alten Pflaumen runden jedes Menu ab.

Wer lieber ein frisch gezapftes **Bier** trinkt, ist in der Heimat von Rothaus Tannenzäpfle und Fürstenberg-Bier gut aufgehoben. In Freiburg trinkt man Ganter und in Lenzkirch Spezialitäten der Brauerei Rogg. Alkoholfrei trinkt man sonst **Säfte** von Streuobstwiesen, Traubensaft vom Winzer oder Mineralwasser aus Bad Dürrheim sowie Lieler Schlossbrunnen aus Schliengen.

Feste

Feste werden rund ums Jahr gefeiert. Auftakt macht die **Fasnet** mit dem Schwerpunkt vom Schmutzigen Donnerstag bis Fastnachtsdienstag. Zwischen Frühjahr und Mai finden zahlreiche **Weinfeste** statt (www.badischerwein. de). Beim Deutschen **Mühlentag** am Pfingstmontag sind nicht nur die Mühlen geöffnet, die Gemeinden bieten auch ein kulinarisches und kulturelles Programm.

Daten & Fakten

Landesnatur und Klima: Der Südschwarzwald, höchster Teil des Schwarzwaldes und damit von Deutschlands größtem Mittelgebirge, wird im Westen von klimatisch sehr begünstigten Oberrheingraben und im Osten von der sehr rauen Baar begrenzt. Im Oberrheingraben sind die Winter am mildesten und die Sommer am heißesten in Deutschland. Bei Donaueschingen liegt ein Kaltluftbecken, das zu den kältesten Ecken Deutschlands gehört.

Die Entstehung des Oberrheingrabens begann vor 35 Mio. Jahren. Ursache waren Zugspannungen in der Erdkruste und im Erdmantel, die dazu führten, dass die Erdkruste an dieser Stelle immer dünner wurde. Als Folge der Ausdünnung senkte sich die Erdoberfläche in der Grabenzone ab, Schwarzwald, Vogesen, Kaiserstuhl und Tuniberg dagegen wurden hochgehoben.

In der Baar, einer Hochfläche zwischen Schwarzwald und Schwäbischer Alb, entspringen Neckar und Donau. Höchste Berge im Südschwarzwald sind Feldberg (1493 m), Herzogenhorn (1415 m), Belchen (1415 m), Schauinsland (1264 m), Kandel (1242 m) und Blauen (1166 m). Um die zahlreichen Naturschätze – Wälder, Seen, Moore, Wasserfälle und weitere ungewöhnliche Biotope – so wenig wie möglich zu beeinträchtigen, bemüht man sich in den fast die ganzen Hochlagen der Region einbeziehenden beiden Naturparks um Besucherlenkung.

Bevölkerung: Rund 1,7 Mio. Menschen nennen die Region ihr Zuhause. Eher dünn sind der Hochschwarzwald und auch der Hotzenwald besiedelt, dicht die Umgebung von Freiburg, die Rheinebene und das Dreiländereck bei Lörrach. Die meisten Bewohner bekennen sich zum katholischen Glauben.

Wirtschaft: Wesentlicher Wirtschaftsfaktor ist seit den 1950er-Jahren der Tourismus – wobei auch Wintersport eine große Rolle spielt. Nach Jahren des Rückgangs steigt die Zahl der Urlauber wieder aktuell an, auch das Interesse ausländischer Besucher nimmt zu. Die Wald- und Weinwirtschaft, feinmechanische Betriebe und Unternehmen der Energiewirtschaft, vor allem in Freiburg, sowie Industrie und Gewerbe im Dreiländereck prägen den Südschwarzwald aus wirtschaftlicher Sicht.

Erlebniswelt

Willkommen im Hochschwarzwald!

Brauerei Rothaus

BIERGARTEN

Gutes Bier, gutes Essen, gut gelaunte Gäste: Im sonnigen Biergarten kann man sich entspannt zurücklehnen, Bodenständiges probieren und es sich so richtig gutgehen lassen.

BRAUEREIGASTHOF

Mit bester Empfehlung der örtlichen Bauern, Fischer und Fleischproduzenten. Im Brauereigasthof hat man sich der konsequent regionalen und saisonalen Küche verschrieben.

BRAUEREIBESICHTIGUNG

Ein Blick hinter die Kulissen: Erfahren Sie aus erster Hand, wie aus reinstem Quellwasser, Rohstoffen der besten Qualität und jeder Menge Leidenschaft das berühmte Tannenzäpfle gebraut wird.

ZÄPFLE WEG

Diese Runde geht aufs Haus: Die herrliche Umgebung lässt sich am besten bei einem kurzweiligen Streifzug entlang des „Zäpfle Weges" entdecken.

ZÄPFLE HEIMAT

Neu gestaltete Infotaiment-Ausstellung: Auf 300 m² und an 25 Stationen können Sie der Geschichte der Badischen Staatsbrauerei auf spannende Weise nachspüren.

Bei jedem Wetter und zu jeder Jahreszeit einen Ausflug wert: 1.000 Höhenmeter über dem Alltag begeistert ROTHAUS mit herzlicher Gastfreundschaft und einer Umgebung wie aus dem Bilderbuch!

Ausführliche Informationen: www.rothaus.de
Badische Staatsbrauerei Rothaus AG • Rothaus 1 • 79865 Grafenhausen-Rothaus

Sport und Unterhaltung beim Schlittenhunderennen in Todtmoos und Rummel in Rust

Spaß im Bad: Badeparadies Titisee-Neustadt

An **Fronleichnam** werden in vielen Orten Blumenteppiche für die Prozession gelegt. Ende Juni bis Mitte Juli lockt das **Zeltmusikfestival** in Freiburg mit Stars. Im Juli/August sind am Titisee und Schluchsee **Open-Air-Veranstaltungen**, in Lörrach gastieren beim Stimmen-Festival Solisten und Chöre, und in St. Blasien sind bei den Domkonzerten international bekannte Musiker zu hören. Am dritten Aug.-So. ist in Bernau **Schneflertag**, auf dem Handwerkskunst mit Holz gezeigt wird. Am ersten Okt.-Wochenende wird im Münstertal und in Oberried festlich das **Vieh ins Tal** getrieben. Moderne Klänge sind bei den **Donaueschinger Musiktagen** Ende Okt. zu hören. Das Festjahr schließt mit **Weihnachtsmärkten** in zahlreichen Städten und an ungewöhnlichen Orten wie in der Ravennaschlucht im Höllental.

Kinder

Der **Europa-Park** in Rust ist für Kinder und Jugendliche ein starker Anziehungspunkt, aber auch der **Steinwasen-Park** bei Freiburg, der Vogelpark Steinen, die zahlreichen **Besucherbergwerke** im Hochschwarzwald und im Kinzigtal, die **Sommerrodelbahn** bei Todtnau oder der **Vogtsbauernhof** sind Attraktionen für die jüngere Generation, ganz abgesehen

Info

Geschichte

5000 v. Chr.: In der Jungsteinzeit Besiedlung Randbereiche des Schwarzwaldes.

1000 v. Chr.: Die Kelten siedeln als erstes historisch bestimmbares Volk im südlichen Schwarzwald und am Rheinknie.

58 v. Chr.: Römische Besatzung: An den Rändern des südlichen Schwarzwalds entstehen römische Gutshöfe und aufwendige Thermen. Ab 74 n. Chr. wagen sich die Römer auch in den Schwarzwald; Heerstraße durch das Kinzigtal nach dem heutigen Rottweil.

um 300 n. Chr.: Alamannen drängen von Norden und Osten in den Schwarzwald, hinterlassen aber keine Siedlungsspuren.

7.–10. Jh.: Unter den fränkischen Merowingern und den Karolingern wird der Schwarzwald kultiviert. Christianisierung und Gründung erster Klöster, darunter St. Blasien und St. Trudpert.

11.–14. Jh.: Zähringer gründen u. a. Freiburg. 1200 Baubeginn Freiburger Münster. Erzbergbau beschert der Region einen gewissen Wohlstand. Der Breisgau wird habsburgisch. Die Markgrafen von Baden herrschen in den Gebieten um Badenweiler und Lörrach.

1457: Gründung der Universität Freiburg durch Erzherzog Albrecht von Österreich.

16. Jh.: Bauernunruhen. Die Reformation spaltet den Schwarzwald konfessionell.

1618–1648: Der Dreißigjährige Krieg bringt Elend und Armut auch in den Schwarzwald.

Ende 17. Jh.: Flößerei und Glasbläserei sind wichtige Erwerbszweige.

1726–1748: Vom Kloster St. Blasien ausgehende Bemühungen, alte bäuerliche Freiheitsrechte zu beschneiden bis hin, Leibeigenschaft einzuführen, führen zu den „Salpeterunruhen" im Hotzenwald, die mit Militärhilfe niedergeschlagen werden.

ab 1803: Säkularisierung und Aufhebung aller Klöster. Größte regionale Gewinner sind das Großherzogtum Baden und das den nordöstlichen Schwarzwald beherrschende Königreich Württemberg.

1817: Der badische Ingenieur und Oberst Tulla beginnt mit der Begradigung des bis dahin stark mäandernden Oberrheins.

1846: Die Rheintalbahn nach Basel wird in Betrieb genommen.

1848/1849: Die Deutsche Revolution beginnt in Baden und wird von überwiegend preußischen und österreichischen Truppen niedergeschlagen.

19. Jh.: Viele Familien, vor allem aus dem Hotzenwald, müssen wegen großer Hungersnot auswandern.

um 1890: Wintersport im Schwarzwald.

1918: Der badische Großherzog und der württembergische König danken ab.

1939–1945: Zweiter Weltkrieg. Zahlreiche Städte werden durch alliierte Bombardements zerstört, darunter Freiburg und Lörrach. 1945

besetzen fränzösische Truppen Südbaden.

1952: Gründung des Landes Baden-Württemberg aus Baden, Württemberg und Württemberg-Hohenzollern.

1975: Massive grenzübergreifende Proteste in Baden und im Elsass gegen das geplante Atomkraftwerk Wyhl.

1987: Nach Einbeziehung Freiburgs nennt sich der 1946 eröffnete Flughafen nun EuroAirport Basel-Mulhouse-Freiburg.

1991: Die französischen Garnisonen werden aufgelöst. Müllheim wird ab 1992 Standort der Deutsch-Französischen Brigade.

1999: Der Naturpark Südschwarzwald wird gegründet – mit einer Fläche von 3300 km² drittgrößter Deutschlands. Zum Jahresende verwüstet der Orkan Lothar die Region mit Windgeschwindigkeiten von über 200 km/h auf dem Feldberg.

2000: Der an den Naturpark Südschwarzwald nördlich anschließende Naturpark Schwarzwald Mitte/Nord entsteht, mit 3750 km² Fläche größter Deutschlands.

2011: Die Landtagswahl bringt eine grün-rote Mehrheit an die Landesregierung.

2013: Freiburg verfügt über eine TGV-Verbindung nach Paris.

2014: Gründung Nationalpark Schwarzwald im Norden.

2015: Rottweil bekommt mit 232 m hohem Testturm für Aufzüge ein neues Wahrzeichen.

UNIVERSITÄTS KLINIKUM FREIBURG

.. WIR ÜBERWINDEN GRENZEN

Das Universitätsklinikum Freiburg verbindet Forschung, Lehre und Krankenversorgung stets mit dem Ziel, den Patienten heute und in Zukunft eine an den neuesten Erkenntnissen der Wissenschaft ausgerichtete Behandlung zu bieten. Basis dafür ist die enge Zusammenarbeit der Fächer und Professionen.

in der BEHANDLUNG

Täglich ist e n breit aufgestelltes Team an Spezialisten im Einsatz, um jedem einzelnen Patienten eine Krankenversorgung zu ermöglichen, die weit über den Standard hinausgeht.

in der FORSCHUNG

Unsere wissenschaftliche Arbeit zielt auf die verantwortungsvolle und zugleich schnelle Einführung neuer Therapien, die Leben retten und Lebensqualität wahren.

in der LEHRE

Wir bieten dem medizinischen Nachwuchs eine Ausbildung, die Fächergrenzen überschreitet und den Patienten in den Fokus rückt.

im DREILÄNDERECK

Mit rund 10.000 Mitarbeitern, mehr als 64.000 stationären Patienten sowie rund 580.000 ambulanten Fällen pro Jahr ist das Universitätsklinikum Freiburg einer der wichtigsten Arbeitgeber und das größte Klinikum in der Region.

von einer Wanderung durch die Wutach-schlucht oder auf dem Wichtelpfad am Feld-berg. In den **Parks der Sinne** bei Waldkirch und Badenweiler ist viel Abwechslung für Augen, Ohren, Nase, Hände und Füße geboten. Als Ritter oder Burgfräulein können sich die Kleinen auf der sehr sehenswerten **Burgruine Rötteln** bei Lörrach fühlen.

Literatur

Krimi: Originell, wer da alles im dunklen Tann ermittelt: Studienrat Hummel bei Alexander Rieckhoff und Stefan Ummenhofer, Würscht-le-Herbert bei Edelgard Spaude und der Musi-ker und Weinhändler Lothar Kaltenbach bei Thomas Erle.
Roland Weis schickt gleich das gesamte Perso-nal seiner Heimatgemeinde Titisee-Neustadt auf kriminalistische Tour – der Autor hat zwi-schenzeitlich Kultstatus, so dass jeder hofft, auch einmal eine Rolle in einem seiner Krimis spielen zu dürfen, und sei es als Leiche.
Die Journalistin Katharina Müller ermittelt ge-meinsam mit ihrem Freund Hauptkommissar Jürgen Weber seit Frühjahr 2014 im Auftrag von Ute Wehrle in Freiburg.
Kochen: Wer zu Hause Schwarzwälder Spezialitäten nachkochen will, sollte einen Blick in das Kochbuch der Naturparkwirte im Schwarzwald werfen (Reinhardt-Verlag).
Für Freunde der Bauernhof-Serie „Die Fallers" gibt es das Kochbuch Die Schwarzwaldküche – Ländlich genießen mit den Fallers (Jan Thorbe-cke Verlag).

Öffnungszeiten

In Baden-Württemberg ist den Geschäften frei-gestellt, wie lange sie geöffnet haben wollen. So öffnen in den Städten manche Geschäfte erst um 10.00 und haben bis 20.00 Uhr geöff-net, teils bis 22.00 Uhr. In ländlichen Gegenden gelten dagegen noch ganz traditionelle Öff-nungszeiten mit einer Mittagspause. Dort schließen viele Geschäfte, Banken und Po-stämter am Mittwochnachmittag.

Restaurants

Gute und sehr gute Restaurants und Gasthöfe finden sich im gesamten Südschwarzwald. Eine kleine Auswahl wird auf den einzelnen Infoseiten vorgestellt. Die angegebenen Preis-kategorien beziehen sich auf ein typisches Hauptgericht.

Preiskategorien

€ € €	Hauptspeisen	über 35 €
€ €	Hauptspeisen	15 – 35 €
€	Hauptspeisen	bis 15 €

Sport

Radfahren: Dank der E-Bikes und zahlreicher Verleihstationen (www.ebike-schwarzwald.de) ist der Schwarzwald für Fahrradfahrer jeden Leistungsstands ein Vergnügen. Genussradler können den Naturpark Südschwarzwald fast ohne Steigungen auf 238 km umrunden (sued schwarzwald-radweg.de). Der Seenradweg Hochschwarzwald führt auf 68 km an Titisee, Schluchsee, Windgfällweiher und Feldsee vorbei; ein Einstieg ist an sieben Bahnhöfen möglich (www.hochschwarzwald.de/Media/ Touren). Barrierefrei radelt man auf dem Kin-zigtalradweg quer durch den Schwarzwald. Für Mountainbiker ist ein Weg von Pforzheim nach Bad Säckingen angelegt (bike-crossing-schwarzwald.info). Weitere Details zu Fahrrad-touren über www.schwarzwald-tourismus.info.
Gleitschirmfliegen und Ballonfahren: Gleit-schirmfliegen hat im Schwarzwald Tradition. Vom Kandel, Schauinsland, Blauen, Belchen und im Wiesental starten die Piloten, und man-che nehmen auch Gäste im Tandem mit (www. skymaster-paragliding.de). In Breisach, Frei-burg und Munzingen starten Heißluftballone zu ruhigen Fahrten über Kaiserstuhl, Schwarzwald und Markgräflerland (www.ballonflug.com).
Schwimmen: Ganzjährig erholsam ist ein Be-such in einem der Thermalbäder. Freiburg (www.keidel-bad.de), Badenweiler (www.ba denweiler.de/cassiopeia_therme), Bad Krozin-gen (www.vita-classica.de), Bad Bellingen (www.bad-bellingen.de/Balinea-Thermen) und Bad Dürrheim (www.solemar.de) bieten da-rüber hinaus vielfältige Saunalandschaften. Ein Kleinod ist das Radon Revital Bad in Menzen-schwand bei St. Blasien (www.radonrevitalbad. de). Unter Palmen liegen und in den Schwarz-

wald schauen, das geht nur im Badeparadies in Titisee (www.badeparadies-schwarzwald.de). Natürlich kann man auch in zahlreichen Seen baden, nicht nur im Titisee und im Schluchsee. Beispielsweise im Nonnenmattweiher im Klei-nen Wiesental oder im Schlüchtsee bei Grafen-hausen. Das Strandbad Windgfällweiher an der Bundesstraße B 500 zwischen Schluchsee und Feldberg erinnert an ein Bad aus den 1950er-und 1960er-Jahren.
Wandern: Skifahren kann man im Schwarz-wald nur im Winter, aber Wandern geht zu jeder Jahreszeit. Neben den großen Fernwan-derwegen wie West-, Mittel- und Ostweg gibt es ein riesiges Netz an Themenwegen. Betreut werden die mehr als 23 000 km Wanderwege vor allem vom Schwarzwaldverein (www. schwarzwaldverein.de) Ein ausgefeiltes Mar-kierungssystem führt auch weniger Orientie-rungsbegabte sicher ans Ziel. Neu ist eine Wander-App für Smartphones (www.schwarz wald-tourismus.info). Die Wanderwege im Schwarzwald sind äußerst abwechslungsreich und erhalten immer wieder Auszeichnungen. Als Qualitätsweg sind beispielsweise der 108 km lange Zweitälersteig um das Elztal und das Simonswäldertal und der 22 km lange Kaiserstuhlpfad klassifiziert. Der Wasserfall-steig mit dem Fahler und dem Todtnauer Was-serfall (www.wasserfallsteig.de) ist als Pre-miumweg eingestuft, ebenso wie der 12 km lange Feldbergsteig (www.feldbergsteig.de), der grandiose Einblicke in die Natur und gigan-tische Ausblicke auf die Landschaft bietet. In sechs Tagesetappen lasssen sich die 119 km des Schluchtensteigs erwandern, der auch durch die einzigartige Wutachschlucht führt (www.schluchtensteig.de). Überall führen orts-kundige Wanderer und Ranger gerne die Gäste;

Süße Verführungen beschränken sich nicht auf Schwarzwälder Kirsch-torte wie sich in Badenweiler zeigt.

DEUTSCHLAND ENTDECKEN!

100 TOUREN
ZU NATUR, KULTUR
UND GESCHICHTE

ENTDECKE
DEUTSCHLAND

DUMONT

www.dumontreise.de

Ein opulenter Bildband, der Lust macht, Bekanntes und Unbekanntes in der Heimat zu entdecken!

⊘ 100 Touren zu Natur, Kultur und Geschichte

⊘ 432 Seiten, mehr als 600 brillante Abbildungen

⊘ Zu jeder Tour eine Orientierungskarte

DUMONT

ein besonderes Angebot hat das Team von „Original Schwarzwald" entwickelt, das zu ungewöhnlichen Zeiten an bekannte und weniger bekannte Orte führt (www.original-schwarzwald.de).

Wintersport: Der südliche Schwarzwald ist auch eine Wintersporthochburg (s. Thema S. 80). Das Angebot für den Hochschwarzwald listet die Internetseite www.hochschwarzwald.de auf. Über den gesamten Schwarwald gibt Schwarzwald Tourismus Wintersporttipps auf der Seite www.winter-schwarzwald.info. Detaillierte Auskünfte zum Angebot am Feldberg: www.liftverbund-feldberg.de. Rund ums Langlaufen informiert die Seite www.langlauf-im-schwarzwald.de sowie www.nordic-center-notschrei.de. In Todtmoos findet seit 40 Jahren Ende Januar das Schlittenhunderennen statt.

Unterkunft

Camping: Überall im Schwarzwald sind gut ausgestattete Campingplätze zu finden. Die Schwarzwald Tourismus Gesellschaft nennt eine Vielzahl und hält unter dem Stichwort Camping eine Übersicht zum Download bereit (www.schwarzwald-tourismus.info). Seit Jahrzehnten bewährt hat sich der ADAC-Campingführer, den es mittlerweile auch als Smartphone-App gibt.

Hotels und Gasthöfe: Das Angebot ist in allen Preisklassen sehr breit. Eine kleine Auswahl findet sich auf den jeweiligen Infoseiten. Die unten genannten Preiskategorien beziehen sich auf ein Doppelzimmer mit Frühstück in der Hauptsaison.

Preiskategorien

€ € €	Doppelzimmer	über 150 €
€ €	Doppelzimmer	100 – 150 €
€	Doppelzimmer	bis 100 €

Jugendherbergen: Alle genannten Jugendherbergen sind im Internet unter www.jugendherberge.de zu finden. In Freiburg liegt die Jugendherberge gut erreichbar etwas außerhalb der Stadt (Kartäuserstr. 151, 79104 Freiburg, Tel. 0761 6 76 56).
Ein Schwarzwaldhof aus dem 17. Jh. mit Titisee-Blick wurde in Hinterzarten zur Jugendherberge (Bruderhalde 27, 79856 Hinterzarten, Tel. 07652 238). Auf dem Fullberg liegt die Jugendherberge von Titisee-Neustadt (Rudenberg 6, 79822 Titisee-Neustadt/ Rudenberg, Tel. 07651 73 60). In 1234 m Höhe steht die Jugendherberge am Feldberg mit dem Naturparadies direkt vor der Tür (Passhöhe 14, 79868

Feldberg, Tel. 07676 221). Zwei Jugendherbergen gibt es am Schluchsee: Wolfsgrund mit Blick auf den See (Im Wolfsgrund 28, 79859 Schluchsee, Tel. 07656 329) und Seebrugg in Strandbadnähe (Haus 9, 79859 Schluchsee-Seebrugg, Tel. 07656 494).
In einem alten Bauernhaus und in einem ehem. Schulhaus ist die Jugendherberge in Menzenschwand untergebracht (Vorderdorfstr. 10, 79837 St. Blasien-Menzenschwand, Tel. 07675 326). Zwischen Feldberg und Belchen liegt die Jugendherberge Todtnau (Radschertstr. 12, 79674 Todtnau-Todtnauberg, Tel. 07671 275). Die Jugendherberge Tribergs ist am Stadtrand auf 840 m Höhe zu finden (Rohrbacher Str. 35, 79098 Triberg, Tel. 07722 41 10).
Ein Klosterbau beherbergt die Jugendherberge in Rottweil (Oberamteigasse 13, 78628 Rottweil, Tel. 0741 94 25 68 70). Die Jugendherberge Villingens liegt günstig für Wanderungen nahe am Wald (St.-Georgener-Straße 36, 78048 Villingen-Schwenningen, Tel. 07721 5 41 49).
Urlaub auf dem Bauernhof: Viele, teilweise kommerzielle Anbieter bietet sich vor allem im Internet.
Eine gute Adresse ist die Landesarbeitsgemeinschaft Urlaub auf dem Bauernhof in Baden-Württemberg e.V., eine regionale bäuerliche Organisation (Friedrichstr. 41, 79098 Freiburg, Tel. 0761 27 13 39 0, www.urlaub-bauernhof.de).

Register

Impressum

2. Auflage 2016
© DuMont Reiseverlag, Ostfildern

Verlag: DuMont Reiseverlag, Postfach 3151, 73751 Ostfildern, Tel. 0711 45 02 0,
Fax 0711 45 02 135, www.dumontreise.de
Geschäftsführer: Dr. Thomas Brinkmann, Dr. Stephanie Mair-Huydts
Programmleitung: Birgit Borowski
Redaktion: Dina Stahn
Text: Cornelia Tomaschko, Ettlingen
Exklusiv-Fotografie: Martin Kirchner, Berlin
Titelbild: Tannenwald im Bärental (laif/Karl-Heinz Raach)
Zusätzliches Bildmaterial: S. 4u. Schimpfle, K., 8/9 huber-images.de/Schmid,
R., 10/11 Kirchgessner, M., 12/13 Look-foto/Merz, B., 20r. Brauerei Rothaus,
20l. Scholerhof, 21o.r. DuMont Bildarchiv, Fieselmann, R., 21o.l.,u.r., u.l.
Kirchgessner, M., 32l. laif/Brunner, R., 32 r Corbis/Bilger, F., 33o.l. laif/Emmler,
33o.r. Look/Wohner, Heinz, 33u. Schwarzwaldcamp, 35l., u.r. DuMont Bildarchiv,
Freyer, R., 48l. Rombach und Haas, 49 DuMont Bildarchiv, Freyer, R., 48r. Goecke,
M., 49l. Schimpfle, K., 49o.r. Kirchgessner, M., 51l. Kirchgessner, M., 65r.u.
DuMont Bildarchiv, Kirchgessner, M., 67r.o. DuMont Bildarchiv, Fieselmann,
R., 67r.u. DuMont Bildarchiv, Freyer, R., 68l. DuMont Bildarchiv, Freyer, R., 69
Look-foto/ Wothe, K., 82 Look-foto/Schoenen, D., A., 99l. DuMont Bildarchiv,
Fieselmann, R., 114 DuMont Bildarchiv, Fieselmann, R., 120o., 122 DuMont
Bildarchiv, Fieselmann, R.
Grafische Konzeption, Art Direktion, Layout: fpm factor product münchen
Cover Gestaltung: Neue Gestaltung, Berlin
Kartografie: © MAIRDUMONT GmbH & Co. KG
Kartografie Lawall (Karten für „Unsere Favoriten")
DuMont Bildarchiv: Marco-Polo-Straße 1, 73760 Ostfildern,
Tel. 0711 45 02 266, Fax 0711 45 02 10 06, bildarchiv@mairdumont.com

Für die Richtigkeit der in diesem DuMont Bildatlas angegebenen Daten –
Adressen, Öffnungszeiten, Telefonnummern usw. – kann der Verlag keine
Garantie übernehmen. Nachdruck, auch auszugsweise, nur mit vorheriger
Genehmigung des Verlages. Erscheinungsweise: monatlich.

Anzeigenvermarktung: MAIRDUMONT MEDIA, Tel. 0711 450 23 33, Fax
0711 45 02 10 12, media@mairdumont.com, http://media.mairdumont.com
Vertrieb Zeitschriftenhandel: PARTNER Medienservices GmbH, Postfach
810420, 70521 Stuttgart, Tel. 0711 72 52-212, Fax 0711 72 52-320
Vertrieb Abonnement: Leserservice DuMont Bildatlas,
Zenit Pressevertrieb GmbH, Postfach 810640, 70523 Stuttgart,
Tel. 0711/7252-265, Fax 0711/7252-333,
dumontreise@zenit-presse.de
Vertrieb Buchhandel und Einzelhefte: MAIRDUMONT
GmbH & Co. KG, Marco-Polo-Straße 1, 73760 Ostfildern, Tel.
0711 45 02 0, Fax 0711 45 02 340
Reproduktionen: PPP Pre Print Partner GmbH & Co. KG, Köln
Druck und buchbinderische Verarbeitung:
NEEF + STUMME premium printing GmbH & Co. KG, Wittingen,
Printed in Germany

Es gibt sie selbst auf Mallorca, einsame Buchten, in denen man die herrliche Natur (fast) für sich allein hat.

In Wiesbaden versteht man zu leben und zu genießen – ein Schwatz am Abend gehört unbedingt dazu.

Wiesbaden
Rheingau

Stadt der Superlative
Technik, Architektur, Sport und Kultur oder auch Kulinarisches, nahezu in jedem Bereich hat Wiesbaden Außergewöhnliches zu bieten – lassen Sie sich überraschen ...

Picknick und Kunsterlebnis
Die Winzer im Rheingau offerieren weit mehr als nur gute Weine.

Ungewöhnliche Domizile
Wie wäre es mit einer Übernachtung im Weinfass, in einem alten Bahnhof oder doch lieber in einem historischen Luxushotel?

Mallorca

Vamos a la Playa
Die Partystrände von Palma und S'Arenal sind nicht jedermanns Sache. Aber es gibt tolle Strandalternativen von karibisch-paradiesisch bis wild-romantisch.

Natur pur
Mallorca ist ein Paradies für Wanderer und Radler. Folgen Sie unseren Tourenvorschlägen auf der Lieblingsinsel der Deutschen.

Essen mit Aussicht
Frischer Fisch, ein Glas Wein und Meerblick, die Lieblingsadressen unseres Autors.

Lieferbare Ausgaben